Heinz-Peter Röhr

Die Angst vor Zurückweisung

Heinz-Peter Röhr

Die Angst vor Zurückweisung

Hysterie verstehen

Patmos

Bibliografische Information der Deutschen Nationalbibliothek
Die Deutsche Nationalbibliothek verzeichnet diese Publikation in der Deutschen Nationalbibliografie; detaillierte bibliografische Daten sind im Internet über http://dnb.d-nb.de abrufbar.

2. Auflage 2007

Walter Verlag, Düsseldorf

Printed in Germany
ISBN 978-3-491-40127-3
www.patmos.de

Inhalt

Alle Reisen haben eine heimliche Bestimmung,
die der Reisende nicht ahnt.

Martin Buber

Vorwort

»Du bist ja hysterisch!« – ein abfälliger Ausspruch, den sich häufig Frauen anhören müssen. In der Umgangssprache ist Hysterie ein Schimpfwort. Zu einer gesunden Persönlichkeit gehören auch hysterische Strukturanteile. Sie machen das Leben bunt und gefühlsbetont. Das Hysterische gehört zum Menschen wie das Depressive, Phobische, Narzisstische und Zwanghafte. Jeder Mensch zeigt ab und zu hysterische Symptome, meist ohne dass ihm dies bewusst ist.

Dieses Buch soll dazu beitragen, hysterische Symptome und Charaktereigenschaften besser zu verstehen. Mit Hilfe des Grimm'schen Märchens *Die kluge Else* untersuchen wir die typischen Ausdrucksformen dieser Störung. Vor allem werden Lösungen aufgezeigt; sie spiegeln sich ebenfalls im Märchen.

Die Hysterie war als Krankheit schon im alten Ägypten und in Griechenland bekannt. Man glaubte, dass die Gebärmutter im Körper herumwandere und dass es deshalb zu den auffälligen Verhaltensweisen komme. Zu dieser Annahme führte die Beobachtung, dass es meist allein lebende Frauen oder Witwen waren, die auffällige Krankheitsmerkmale zeigten. Im Mittelalter galten Frauen mit hysterischen Symptomen als vom Teufel besessen; oft wurden sie als Hexen verbrannt. Später, im 19. Jahrhundert, glaubte man an eine Geisteskrankheit. Erst Sigmund Freud gelang es, gemeinsam mit Josef Breuer die Symptome als das zu verstehen, was sie wirklich sind, nämlich die neurotische Verarbeitung eines inneren Konflikts. Die Entdeckung des Unbewussten und die Entwicklung der Psychoanalyse nahmen ihren Ausgang bei der Auseinandersetzung mit hysterischen Symptomen.

Am Anfang standen die Bemühungen Freuds, bestimmte Phänomene zu verstehen, die auf den ersten Blick rätselhaft blieben. Er erkannte, dass gewisse körperliche Symptome etwas Wichtiges, Schwerwiegendes, aber Unsagbares zum Ausdruck bringen wollten: etwas, das nicht ans Licht der Öffentlichkeit gebracht werden durfte, weil man sich zu sehr schämte oder weil ein heißer Wunsch sowieso nicht zu erfüllen war. Freud erkannte, dass Symptome mitunter symbolhaft etwas zur Sprache bringen, das verdrängt, unbewusst oder vorbewusst ist.

Die Entdeckung des Unbewussten revolutionierte die Psychologie, die Psychopathologie, die Medizin sowie das gesamte Weltbild. Immer noch müssen wir einräumen, dass die Wissenschaft hier am Anfang steht. Wir können sicher sein, dass unsere Zeit in 100 Jahren mit dem gleichen Unverständnis bewertet wird, wie wir dies heute mit den Gedankengebäuden des Mittelalters tun.

Viele Menschen bleiben unglücklich oder leiden, weil sie unter einem Übermaß an hysterischen Verhaltensweisen und Persönlichkeitsmerkmalen leiden. Sind diese Merkmale dauerhaft und betreffen sie die Person umfassend, ist die Rede von einer hysterischen Persönlichkeitsstörung. Während die Forscher in früheren Jahrzehnten davon ausgingen, dass es sich bei der hysterischen Persönlichkeitsstörung um eine weniger gravierende Beeinträchtigung handele, weiß man mittlerweile, dass es eine tiefe Störung ist, die ihre Wurzeln bereits in der frühen Kindheit hat. Es handelt sich hier zudem um eine recht häufige Störung, die nicht selten einen chronischen Verlauf nimmt, also sich im Laufe der Zeit verschlimmert. Davon zu unterscheiden ist eine hysterische Persönlichkeitsstruktur, die Menschen in sich tragen, ohne dass von einer Störung die Rede ist. Eine Struktur bildet das Muster, nach dem Probleme vorwiegend gelöst werden: So wird ein Mensch mit einer depressiven Struktur auf Probleme überwiegend mit depressivem Rückzug reagieren; ein anderer mit einer zwanghaften Struktur wird auf Probleme mit verstärkter Zwanghaftigkeit antworten; ein Mensch mit hysterischer Persönlichkeitsstruktur wird Probleme nach typisch hysterischen Verhaltensmerkmalen zu lösen versuchen. Die Persönlichkeitsstruktur prägt sich insbesondere während der frühen Kindheit ein. Gemäß seiner Struktur versucht ein Mensch auf die Welt zu reagieren und seine Lebensbedingungen erträglich zu gestalten.

Weil die Bezeichnung »hysterisch« häufig als Schimpfwort Verwendung findet, wurde in der Fachsprache der Begriff »histrionisch« eingeführt. »Histrio« war im alten Rom der Komödiant, der Possen oder derbe Späße vorführte. So bleibt es zweifelhaft, ob sich durch die Veränderung des Begriffs Vorurteile mindern. Ich habe mich entschieden, den alten Begriff zu wählen, weil sich histrionisch im alltäglichen Sprachgebrauch wenig durchsetzen konnte.

Hysterie wurde von Ärzten schon vor über 2000 Jahren beschrieben. Sie passt sich den jeweiligen kulturellen Bedingungen an. In den typischen Vorabendserien im Fernsehen geht es häufig um die Darstellung hysterischer Charaktere. Das Leben dreht sich um Sex, Aussehen, Sensationen, extreme Gefühlsschwankungen, Intrige, Neid, Eifersucht, Unentschlossenheit etc. Sie sind so erfolgreich, weil sie einen gewissen Wiedererkennungseffekt bieten. Die Hysterie fasziniert und lässt niemanden kalt. Bereiche der Seele werden angesprochen, die jeder kennt, aber längst nicht jeder wagt es, sie auszuleben. Im Grunde bleibt beim Zuschauer eine gewisse Schadenfreude zurück, weil sich das große Glück, die ideale Liebe schließlich doch nicht einstellen wollen. Die Personen führen ein aufregendes Leben, sie sind schön, aber unfähig zur Liebe und damit unfähig, glücklich zu sein oder zu werden. Wenig wirkliche Beachtung erfährt das tiefe Leid, das mit Beziehungsunfähigkeit einhergeht.

Wie alle meine Bücher ist auch dieses ein Beitrag zur Bibliotherapie. Sie soll helfen, innere Konflikte und Schwierigkeiten im Alltag besser zu verstehen. Das Märchen ist die Projektionsfläche, auf der sich die typischen Probleme, Verhaltensweisen sowie auch Lösungen abbilden. Fallbeispiele tragen zur Verdeutlichung bei. Bibliotherapie kann psychotherapeutische Prozesse wirkungsvoll unterstützen, und Betroffene sollen aktiver am therapeutischen Prozess beteiligt werden.

Eine Verbesserung der Beziehungsfähigkeit ist für Menschen mit hysterischem Charakter erst möglich, wenn sie ihr eigenes Drama besser verstehen und beginnen, an sich selbst zu arbeiten, und nicht mehr andere für eigene Schwierigkeiten verantwortlich machen. Das Märchen *Die kluge Else* kann hier sehr hilfreich sein: Es zeigt, dass es für innere Probleme keine äußere Lösung geben kann – eine Verhaltensänderung ist unerlässlich.

Danken möchte ich allen, die zum Gelingen dieses Buches beigetragen haben. Vor allem schulde ich meinen Patienten Dank, sie sind mir immer die besten Lehrmeister.

Meinen Töchtern Melanie und Michaela danke ich herzlich für viele wesentliche Hinweise, Anmerkungen und profunde Kommentare; meiner lieben Frau Annemie wieder besonders für ihre wertvollen Gedanken und konstruktiven Anregungen sowie für die Textkorrekturen und stilistischen Verbesserungen bei der Durchsicht des Manuskripts.

Bad Fredeburg, im Juli 2005
Heinz-Peter Röhr

Das Märchen *Die kluge Else*

Es war ein Mann, der hatte eine Tochter, die hieß die kluge Else. Als sie nun erwachsen war, sprach der Vater: »Wir wollen sie heiraten lassen.« »Ja«, sagte die Mutter, »wenn nur einer käme, der sie haben wollte.« Endlich kam von weither einer, der hieß Hans, und hielt um sie an, er machte aber die Bedingung, dass die kluge Else auch recht gescheit wäre. »O«, sprach der Vater, »die hat Zwirn im Kopf«, und die Mutter sagte: »Ach, die sieht den Wind auf der Gasse laufen und hört die Fliegen husten.« »Ja«, sprach der Hans, »wenn sie nicht recht gescheit ist, so nehm ich sie nicht.« Als sie nun zu Tisch saßen und gegessen hatten, sprach die Mutter: »Else, geh in den Keller und hol Bier.« Da nahm die kluge Else den Krug von der Wand, ging in den Keller und klapperte unterwegs brav mit dem Deckel, damit ihr die Zeit ja nicht lang würde. Als sie unten war, holte sie ein Stühlchen und stellte es vors Fass, damit sie sich nicht zu bücken brauchte und ihrem Rücken etwa nicht wehe täte und unverhofften Schaden nähme. Dann stellte sie die Kanne vor sich hin und drehte den Hahn auf, und während der Zeit, dass das Bier hineinlief, wollte sie doch ihre Augen nicht müßig lassen, sah oben an die Wand hinauf und erblickte nach vielem Hin- und Herschauen eine Kreuzhacke gerade über sich, welche die Maurer da aus Versehen hatten stecken lassen. Da fing die kluge Else an zu weinen und sprach: »Wenn ich den Hans kriege, und wir kriegen ein Kind, und das ist groß, und wir schicken das Kind in den Keller, dass es hier soll Bier zapfen, so fällt ihm die Kreuzhacke auf den Kopf und schlägt's tot.« Da saß sie und weinte und schrie aus Leibeskräften über das bevorstehende Unglück. Die oben warteten auf den Trank, aber die kluge Else kam immer nicht. Da sprach die Frau zur Magd: »Geh doch hinunter in den Keller und sieh, wo die Else bleibt.« Die Magd ging und fand sie vor dem Fasse sitzend und laut schreiend. »Else, was weinst du?« fragte die Magd. »Ach«, antwortete sie, »soll ich nicht weinen? Wenn ich den Hans kriege, und wir kriegen ein Kind, und das ist groß, und soll hier Trinken zapfen, so fällt ihm vielleicht die Kreuzhacke auf den Kopf und schlägt es tot.« Da sprach die Magd: »Was haben wir für eine kluge Else!«, setzte sich zu ihr und fing auch an, über das Unglück zu weinen. Über eine Weile, als die Magd nicht wiederkam und die droben durstig nach dem Trank waren, sprach der Mann zum Knecht: »Geh doch hinunter in den Keller und sieh, wo die Else und die Magd bleibt.« Der Knecht ging hinab, da saß die kluge Else und die Magd, und weinten beide zusammen. Da fragte er: »Was weint ihr denn?« »Ach«, sprach die Else, »soll ich nicht weinen? Wenn ich den Hans kriege, und wir kriegen ein Kind, und das ist groß, und soll hier Trinken zapfen, so fällt ihm die Kreuzhacke auf den Kopf und schlägt's tot.« Da sprach der Knecht: »Was haben wir für eine kluge Else!«, setzte sich zu ihr und fing auch an laut zu heulen. Oben warteten sie auf den Knecht, als der aber immer nicht kam, sprach der Mann zur Frau: »Geh doch hinunter in den Keller und sieh, wo die Else bleibt.« Die Frau ging hinab und fand alle drei in Wehklagen und fragte nach der Ursache, da erzählte ihr die Else auch, dass ihr zukünftiges Kind wohl würde von der Kreuzhacke totgeschlagen werden, wenn es erst groß wäre und Bier zapfen sollte, und die Kreuzhacke fiele herab. Da sprach die Mutter gleichfalls: »Ach, was haben wir für eine kluge Else!«, setzte sich hin und weinte mit. Der Mann oben wartete noch ein Weilchen, als aber seine Frau nicht wiederkam und sein Durst immer stärker ward, sprach er: »Ich muss nun selber in den Keller gehn und sehen, wo die Else bleibt.« Als er aber in den Keller kam und alle da beieinander saßen und weinten, und er die Ursache hörte, dass das Kind der Else schuld wäre, das sie vielleicht einmal zur Welt brächte, und von der Kreuzhacke könnte totgeschlagen werden, wenn es gerade zur Zeit, wo sie herabfiele, darunter säße, Bier zu zapfen, da rief er: »Was für eine kluge Else!«, setzte sich und weinte auch mit. Der Bräutigam blieb lange oben allein; da niemand wiederkommen wollte, dachte er: »Sie werden unten auf dich warten, du musst auch hingehen und sehen, was sie vorhaben.« Als er hinabkam, saßen da alle fünfe und schrien und jammerten ganz erbärmlich, einer immer besser als der andere. »Was für ein Unglück ist denn geschehen?« fragte er. »Ach, lieber Hans«, sprach die Else, »wann wir einander heiraten und haben ein Kind, und es ist groß, und wir schicken's vielleicht hierher, Trinken zu zapfen, da kann ihm ja die Kreuzhacke, die da oben ist stecken geblieben, wenn sie herabfallen sollte, den Kopf zerschlagen, dass es liegen bleibt; sollen wir da nicht weinen?« »Nun«, sprach Hans, »mehr Verstand ist für meinen Haushalt nicht nötig; weil du so eine kluge Else bist, will ich dich haben«, packte sie bei der Hand und nahm sie mit hinauf und hielt Hochzeit mit ihr.

Als sie den Hans eine Weile hatte, sprach er: »Frau, ich will ausgehen arbeiten und uns Geld verdienen, geh du ins Feld und schneid das Korn, dass wir Brot haben.« »Ja, mein lieber Hans, das will ich tun.« Nachdem der Hans fort war, kochte sie sich einen guten Brei und nahm ihn mit ins Feld. Als sie vor den Acker kam, sprach sie zu sich selbst: »Was tu ich? Schneid ich eh'r oder es ich eh'r? Hei, ich will erst essen.« Nun aß sie ihren Topf mit Brei aus, und als sie dick satt war, sprach sie wieder: »Was tu ich? Schneid ich eh'r, oder schlaf ich eh'r? Hei, ich will erst schlafen.« Da legte sie sich ins Korn und schlief ein. Der Hans war längst zu Haus, aber die Else wollte nicht kommen; da sprach er: »Was hab ich für eine kluge Else, die ist so fleißig, dass sie nicht einmal nach Haus kommt und isst.« Als sie aber noch immer ausblieb und es Abend ward, ging der Hans hinaus und wollte sehen, was sie geschnitten hätte: aber es war nichts geschnitten, sondern sie lag im Korn und schlief. Da eilte Hans geschwind heim und holte ein Vogelgarn mit kleinen Schellen und hängte es um sie herum; und sie schlief noch immer fort. Dann lief er heim, schloss die Haustüre zu und setzte sich auf einen Stuhl und arbeitete. Endlich, als es schon ganz dunkel war, erwachte die kluge Else, und als sie aufstand, rappelte es um sie herum, und die Schellen klingelten bei jedem Schritte, den sie tat. Da erschrak sie, ward irre, ob sie auch wirklich die kluge Else wäre, und sprach: »Bin ich's, oder bin ich's nicht?« Sie wusste aber nicht, was sie darauf antworten sollte, und stand eine Zeit lang zweifelhaft; endlich dachte sie: »Ich will nach Haus gehen und fragen, ob ich's bin oder ob ich's nicht bin, die werden's ja wissen.« Sie lief vor ihre Haustüre, aber die war verschlossen; da klopfte sie an das Fenster und rief: »Hans, ist die Else drinnen?« »Ja«, antwortete Hans, »sie ist drinnen.« Da erschrak sie und sprach: »Ach Gott, dann bin ich's nicht«, und ging vor eine andere Tür; als aber die Leute das Klingeln der Schellen hörten, wollten sie nicht aufmachen, und sie konnte nirgends unterkommen. Da lief sie fort zum Dorfe hinaus, und niemand hat sie wieder gesehen.[1]

Einleitung

Märchen sind kunstvolle, zauberhafte Geschichten, die mit unseren Träumen verwandt sind. Aus der Traumforschung ist bekannt, dass jeder Traum mit Hilfe der Bildersprache persönliche Probleme des Träumers bearbeitet. Um ein inneres Gleichgewicht herzustellen, sucht der Traum spiralförmig über die Weisheit des Unbewussten eine Lösung. Ähnlich verhält es sich mit Märchen; sie spiegeln die Probleme der Menschen. Auch hier finden wir Inszenierungen von Schwierigkeiten, die viele Menschen mehr oder weniger stark in sich tragen. Die Sprache der Träume und Märchen ist die »Bildersprache«; diese muss man übersetzen, damit man die tieferen Inhalte versteht.

Das Geheimnis eines Märchens verbirgt sich immer in den ersten Sätzen. Um das Thema eines Märchens zu erschließen, ist es hilfreich, die ersten Zeilen unter die Lupe zu nehmen und diese genau zu untersuchen. Das Märchen *Die kluge Else* beginnt mit dem Satz »*Es war ein Mann, der hatte eine Tochter.*« Märchen sind an vielen Stellen verdichtet. Ein einziger Satz kann eine Geschichte erzählen, ein soziales Gefüge beschreiben und eine bestimmte Dynamik schildern. So fragt man sich, warum es nicht heißt, dass »Eltern eine Tochter haben.« Es heißt auch nicht, dass »ein Vater eine Tochter hat«, sondern »ein Mann«. Dieser Mann scheint es schwer mit seiner Tochter zu haben, und so spricht er zu seiner Frau, dass sie einen Bräutigam für sie suchen wollen. Auch die Mutter scheint nicht viel von ihrer Tochter zu halten, denn gleich bezweifelt sie, dass sie jemanden für sie finden. Die kluge Else ist ja offensichtlich nicht klug, sondern sie hat Probleme, die sie als Ehefrau wenig brauchbar erscheinen lassen. Sie ist vor allem bequem, ja, sie ist faul. So müsste das Märchen eigentlich »die faule Else« heißen. Worum geht es also? Offensichtlich doch darum, dass etwas inszeniert wird; es geht um »Theater«. So ist es schon eine Ironie, die Else »klug« zu nennen. Oder leiden die Eltern an Realitätsverlust?

Wenn wir den Hintergrund ihrer Bequemlichkeit beleuchten, werden die Folgen von Verwöhnung eine entscheidende Rolle spielen. Menschen mit einer hysterischen Persönlichkeitsstörung haben in aller Regel eine verwöhnende Erziehung durchlebt. Früh lernten sie, sich vor unliebsamen Arbeiten zu drücken, vor allem sind sie geschickt im Erfinden von Ausreden, die sie vor Anstrengung schützen. Die Fähigkeit, sich ins rechte Licht zu rücken, wurde jedoch besonders entwickelt. So darf das Verhalten der Eltern, in ihrer Tochter etwas Besonderes zu sehen, gleich als Lebenshaltung verstanden werden: *Ich bin etwas Besonderes, das müssen die anderen akzeptieren, und vor allem muss ich es inszenieren.*

Im Märchen ist es für die Eltern offensichtlich nicht leicht, einen passenden Mann für ihre Tochter zu finden. Nur einer aus der Ferne, der die häuslichen Verhältnisse nicht kennt, kommt als Freier in Frage. Wahrscheinlich ist niemand aus der Nähe bereit, eine Verbindung einzugehen. Die Eltern müssen die Qualitäten ihrer Tochter ordentlich anpreisen: »Die hat Zwirn im Kopf«, sagen Vater und Mutter. »Ach, die sieht den Wind in der Gasse laufen und hört die Fliegen husten.« Die Faulheit muss kaschiert werden, denn die kluge Else soll auf den Bräutigam einen guten Eindruck machen. Hier ist der Urkonflikt der hysterischen Persönlichkeit zu erkennen: Die Hysterikerin will gefallen und verführen, lebt aber in der tiefen Angst, am Ende den eigenen Erwartungen und denen anderer nicht gewachsen zu sein. Dieses Schauspiel ist das Wesentliche – immer lebt man auf der Basis, das Ganze nur inszeniert zu haben.

Aber Hans legt Wert darauf, eine kluge Frau zu bekommen, eine dumme mag er nicht. Die Geschichte will aber, dass er genau eine solche bekommt!

Menschen mit einer hysterischen Persönlichkeit haben meist Probleme bei der Partnerwahl. Sie suchen das Besondere, das Ideale. Der eine ist zu groß, der nächste zu klein oder nicht genügend reich, schön oder klug. Der große Unbekannte aus der Ferne kommt eher als Partner in Frage, weil ihn das Neue, das Flair des Fremden und Besonderen interessant erscheinen lässt.

Die ganze Welt ist eine große Bühne, und alle spielen mit. Schauspieler besonderer Art finden wir jedoch in Menschen mit hysterischer Charakterstruktur. Hier ist das Schauspiel übertrieben und wirkt mitunter wenig echt. Wie sich zeigen wird, will der Mensch mit hysterischer Struktur über sein Schauspiel seine Probleme lösen. Dies ist für die Mitmenschen nicht immer leicht zu ertragen. Wenden wir uns zunächst wieder dem Märchen zu und lassen uns von der klugen Else beeindrucken. Ihr Verhalten liefert einen Schlüssel zum Verständnis von Hysterie.

1
HYSTERISCHE PHÄNOMENE

Eine unbewusste Inszenierung

Schon wie sich das Drama anbahnt, verdient Beachtung: Wären Vater oder Mutter doch selbst Bier holen gegangen! Else hat offensichtlich überhaupt keine Lust, den Auftrag auszuführen. Damit es ihr nicht langweilig wird, klappert sie mit dem Deckel des Bierkrugs. Innerlich scheint sie nicht bei der Sache, sondern ganz woanders.

Was jetzt vor dem Bierfass geschieht, muss als etwas besonders Typisches angesehen werden: Zunächst beeindrucken Elses blühende Fantasie und ihre Neigung, alles zu dramatisieren. Man möchte lachen über ihre Einfalt. Aber Vorsicht! Das Spektakel hat einen tieferen Hintergrund, dies ist auf den ersten Blick nicht zu erkennen. Erst die Frage, worum es denn eigentlich geht, hilft, Elses Situation besser zu verstehen. Dazu muss man sich in ihre Lage hineinfühlen: Sie ist kindlich geblieben, verwöhnt und daher nicht reif für eine Partnerschaft; sie hat Angst davor, muss aber so tun, als ob alles in Ordnung wäre. Sie darf nicht sagen oder zeigen, dass sie Angst vor der neuen Situation hat; Angst davor, nicht zu genügen oder zu versagen. Viel zu eifrig haben die Eltern sie dem möglichen Bräutigam angepriesen. Ist das Theater vor dem Bierfass etwa Ablenkungsmanöver vor den eigentlichen Schwierigkeiten? Ihre Fantasie geht mit ihr durch, und sie schreit immer lauter vor Angst, dass dem zukünftigen Kind etwas zustoßen könnte. Bleiben wir bei der Frage, worum es denn eigentlich geht, dann ist es nicht verwunderlich, dass es in Wirklichkeit um sie selbst geht, um ihre Angst vor dem Neuen und vor Überforderung. Tatsächlich scheint das Symptom zu entlasten. Alle sind beschäftigt – natürlich nicht mit dem Eigentlichen.

Wenn wir die Situation genauer untersuchen, dann lässt sich hier der Vorgang der Verdrängung erkennen. Else hat die Angst vor der bevorstehenden Partnerschaft einfach verdrängt. Vielleicht ist da ein diffuses Gefühl von Unsicherheit, das sie allerdings überspielt. Else klappert mit dem Deckel des Bierkrugs und ist gelangweilt. Aber in Wirklichkeit befindet sie sich an einer entscheidenden Stelle ihres Lebens – eine sehr aufregende Situation, geht es doch auch darum, ob Hans sie zur Frau nimmt –, in einem Augenblick voller Spannung und Aufregung. Die Ungewissheit ist eigentlich unerträglich, und dann ist da auch noch die Angst, abgelehnt zu werden, ein ganz schrecklicher Gedanke! Und wenn sie Hans bekommt – wie wird sie mit der neuen Situation fertig? Was bedeutet es, die Nähe der Eltern zu verlieren, aus ihrer kindlichen Rolle herauszumüssen, Ehefrau zu sein, möglicherweise bald Mutter zu werden? Else hat demzufolge viele Gründe, erregt und beklommen zu sein.

Furcht oder ängstliche Gefühle scheint sie jedoch nicht wirklich wahrzunehmen; sie sind hinter einer Maske der Gleichgültigkeit verborgen. Der psychische Abwehrmechanismus der *Verdrängung* hilft ihr, die unliebsamen Gefühle zunächst nicht zuzulassen. Allerdings ist dafür auch ein Preis zu zahlen, der bald erkennbar wird. Sie gerät in Panik, aber in einem ganz anderen Zusammenhang. Else erlebt in ihrer Angstattacke verschlüsselt die eigentliche Besorgnis, die da lautet: Angst vor dem Unbekannten, vor Überforderung, dem übermächtigen Schicksal, dass vieles passieren wird, was sie nicht beherrschen kann; kurz: Alles ist zu viel, zu gewaltig und zu gefährlich, als dass man damit fertig werden könnte; besonders Else nicht, die in ihrer bequemen, kindlichen Welt nicht gelernt hat, selbständig zu werden. Vor dem Bierfass kommt sie zur Ruhe, und damit bekommt das Unbewusste Zeit zu reagieren. Was sich durch ihre Fantasie ihrer bemächtigt, ist andererseits durchaus eine »kluge« Botschaft ihres

Unbewussten: Tatsächlich muss das Kind sterben, damit die erwachsene Frau leben kann. Else müsste Abschied nehmen von der Kindheit mit all den Bequemlichkeiten und Abhängigkeiten. Das kann aber nur ein Mensch, der den Prozess des Reifens und Verantwortlichwerdens durchlaufen hat. Else ist fixiert auf ihre Eltern, insbesondere auf den Vater, der tonangebend für sie ist. Er hat entschieden, dass sie heiraten soll – sie selbst scheint diesbezüglich keine eigene Meinung zu haben.

Der Vater will Else loswerden, und in Wahrheit erlebt sie dies wie eine tödliche Bedrohung. In ihrer kindlichen Abhängigkeit verliert sie alles, was Halt und Sicherheit gibt: Die Hacke, ein grobes Arbeitsgerät für den Mann, fällt auf den Kopf des Kindes und tötet es. Sie ist ein Symbol für derbe, rücksichtslose männliche Identität. Else inszeniert somit genau das, was ihr Vater aus ihrer Sicht mit ihr tut: Er schickt sie fort, in den Tod; denn wie soll sie zurechtkommen ohne ihn, der ihr Halt und Sicherheit gibt? Aber sie traut sich nicht, es laut zu sagen. Sie schämt sich oder viel wahrscheinlicher: Sie weiß, dass es sinnlos ist, sich gegen den Willen des Vaters aufzulehnen.

Sigmund Freud und Josef Breuer erkannten als erste, dass es sich bei hysterischen Symptomen um eine Art von Bewusstseinsspaltung handelt. Da ist etwas Bedrohliches, Peinliches, Ängstigendes, aber Unaussprechliches: etwas, das nicht gesagt werden kann, aber großen inneren Druck verursacht. Die psychische Energie kann auf direktem Wege nicht abreagiert werden, stattdessen entwickelt sich ein Symptom, welches das Problem trotzdem zur Sprache bringt. Dabei wird die Botschaft auf kreative Weise zum Ausdruck gebracht. Wie in einem Traum, der auch in Symbolen und Bildern spricht, meldet sich jetzt das Unbewusste selbst zu Wort. In der Fachsprache nennt man das, was die kluge Else vor dem Bierfass vorführt, eine *unbewusste Inszenierung*. In diesem Zusammenhang spricht man auch von *Dissoziation*, von Spaltung.

Freud erkannte, dass dies auch bei Versprechern mitunter der Fall ist: Einer Person ist etwas herausgerutscht, das sie eigentlich gar nicht sagen wollte. Was sie da sagt, ist ihre eigentliche Meinung, die sie verborgen halten wollte. Ein typischer *Freud:* ein Versprecher also, eine Fehlleistung, bei dem das Unbewusste dem Betroffenen einen Streich spielt.

Bei genauerem Hinsehen wird klar, dass das Märchen *Die kluge Else* ausgesprochen realistisch ist. Das hysterische Theaterspiel bildet sich hier ab und funktioniert nach bestimmten Gesetzmäßigkeiten. Das Eigentliche wird verborgen, und zwar für den Betroffenen selbst sowie auch für die Beobachter. Erst wenn es gelingt, die Sprache des Unbewussten zu verstehen, wird die wahre Bedeutung eines Symptoms sichtbar.

Wer nüchtern und aus der Distanz die Szene beobachtet, wird spüren und wahrnehmen, dass es sich da vor dem Bierfass um ein Schauspiel handelt. Hier wird bühnenreif inszeniert. Die Folge ist, dass der Beobachter die Aufführung nicht ernst nimmt. Vielleicht macht er sich darüber lustig, oder er wird ärgerlich, weil er sich belästigt fühlt, etwa davon, dass hier jemand Aufmerksamkeit erzwingen will. Im letzteren Fall wird er versuchen, sich der unliebsamen Situation so schnell wie möglich zu entziehen. Eine weitere Möglichkeit, auf dieses Theater zu reagieren, erkennen wir im Märchen, nämlich das Theater einfach mitzuspielen. Alle lassen sich anstecken, alle sind infiziert. Man fragt sich, warum? Sind denn alle wirklich so dumm? Einer Magd und einem Knecht traut man vielleicht noch zu, dass sie sich leicht identifizieren, aber die Mutter und zuletzt sogar der Vater? Wenn wir versuchen, dies zu verstehen, tritt etwas allgemein Menschliches zu Tage, das vermutlich jeder kennt. Manchmal ist es viel einfacher, das Theater mitzuspielen, als sich dagegen aufzulehnen, weil sonst alles noch viel schlimmer wird: Da ist der Chef, der sich übertrieben über einen Kunden ärgert – es ist viel einfacher, in das gleiche Horn zu stoßen, als den Vorgesetzten darauf aufmerksam zu machen, dass er übertreibt. Man spielt das Theater mit, um möglichst schnell seine Ruhe zu bekommen. So wird es auch im Falle der klugen Else sein, die es geschafft hat, alle anderen zum Mitspielen zu bewegen. Jeder weiß, dass es sinnlos ist, sich nicht zu beteiligen, ja vielleicht gefährlich, weil man sich Elses Zorn und den Unwillen des Vaters oder der Mutter zuzieht. Wer Else kennt, weiß, dass sie problemlos das Drama weiter steigern kann, wenn andere ihr Schauspiel nicht ernst nehmen. Else hat einen Sieg errungen, allerdings, wie man später erkennen kann, keinen wirklichen Sieg.

Untersuchen wir jetzt den gesamten Vorgang noch einmal, sozusagen aus der Vogelperspektive, dann wird deutlich, dass Else einen inneren Konflikt hat, den sie verbirgt, vor sich selbst und vor anderen. Unbewusst inszeniert sie diesen Konflikt, und es gelingt ihr eine Scheinlösung. In der Fachsprache ist die Rede vom hysterischen Modus der Konfliktverarbeitung. Ein Konflikt wird bearbeitet, allerdings auf hysterische, auf neurotische Art und Weise. Der eigentliche Konflikt wird nicht wirklich gelöst, aber es kommt zu einer Entlastung, zu einer Scheinlösung. Jetzt könnte man glauben, dass es Else darum geht, Aufmerksamkeit und Zuwendung von den anderen Akteuren zu erlangen, und dass sie dadurch einen gewissen *Krankheitsgewinn* hat. Dies ist sicher richtig, denn *Beachtetwerden* ist von großer Bedeutung – aber darum geht es im Grunde nicht. Das Entscheidende ist, dass Else sich selbst etwas vorspielt, und damit sie es selbst besser glauben kann, braucht sie dafür Publikum; sie sucht Bestätigung. Zustimmung ist das, was sie in Wirklichkeit haben möchte, und der eigentliche Gewinn, den sie aus ihrem Schauspiel zieht. Alle bestätigen, dass sie klug ist, und vor allem gelingt es ihr, auch Hans, den Bräutigam, zu überzeugen; denn wenn alle es glauben, dann wird es wohl richtig sein.

Hysteriker inszenieren Konflikte zu ihrer eigenen Entlastung, etwa um ihr Gewissen zu beruhigen, um Minderwertigkeitsgefühle zu überspielen oder, wie Else, um von ihrer verdrängten Angst vor Zurückweisung durch Hans und – tiefer – von ihrer Wut auf den Vater, der sie loswerden will, abzulenken.

Damit sind Hysteriker also immer selbst ihre wichtigsten Zuschauer. So ist es auch verständlich, dass hysterische Symptome verschwinden, wenn sie nicht beachtet werden. Daraus darf man nicht den Schluss ziehen, dass dies die Therapie ist, die zum

Erfolg führt. Hysterische Symptome wollen ja etwas zur Sprache bringen, das gehört werden soll. Werden sie nicht beachtet, dann entwickeln sich neue Symptome, oder die alten werden so verstärkt, dass sie nicht mehr übersehen werden können. Richtig ist, dass man die Symptome als solche nicht beachten sollte, sondern es gilt, die Frage zu klären, worum es eigentlich geht. Welches Geheimnis verbirgt sich hinter dem Theaterspiel? Das ist mitunter gar nicht so leicht.

Der zwanghafte Mensch wird unter Stress immer zwanghafter, penibler, genauer und versucht damit seine innere Angst zu bewältigen, also nach dem zwanghaften Modus. Der Mensch mit einem depressiven Charakter wird im Konfliktfall mit Hilflosigkeit, Jammern und Bedürftigkeit reagieren, um andere in die Verantwortung zu holen, oder sich für andere opfern und viel für sie tun, um von seiner eigenen Bedürftigkeit abzulenken. Der hysterische Modus besteht aus einer Ablenkung von dem Eigentlichen und aus der Inszenierung von etwas anderem. Auch bei Else geschieht diese Ablenkung von ihrem eigentlichen Konflikt unbewusst. Hans wünscht sich eine kluge Frau, er hat Ansprüche, er hat Erwartungen, und so muss Else ihm etwas vorspielen, sie muss so tun als ob. Sie steht unter großem Druck, zumal auch die Eltern ihre übernatürlichen Fähigkeiten anpreisen. So bleibt ihr nur der Ausweg der Ablenkung – und sie scheint wie von selbst das Thema für eine Dramatisierung zu finden. Die Antwort lautet: das Unbewusste wird aktiv. Traumwandlerisch sicher, im wahrsten Sinn des Wortes, kommt es zu einer Inszenierung, die symbolisch das Eigentliche zum Ausdruck bringt.

Über die Intelligenz und Kreativität des Unbewussten kann man sich immer wieder nur wundern. Also verfügt Else doch über eine gewisse Klugheit, die allerdings erschlossen werden will. Jeder Mensch trägt diese Weisheit in sich. Im hysterischen Modus finden wir geheime Botschaften unseres Unbewussten. Dies macht die Hysterie so aufregend, denn sie birgt viele Überraschungen. Die zentrale Frage lautet: Was wird inszeniert, und was ist die eigentliche Botschaft?

Innere Konflikte äußern sich viel häufiger, als uns dies bewusst ist, in körperlichen Problemen. In diesem Fall inszeniert der Körper mit Hilfe von Symptomen eine Botschaft. Bei der klugen Else vor dem Bierfass war es eine Angstattacke, die auf eine tiefere Problematik aufmerksam machen wollte. Außerdem wäre es hilfreich gewesen, das Problem zu verstehen und zur Sprache zu bringen; denn die Geschichte von Else geht bekanntlich nicht gut aus. Im folgenden Fall ist es ein stark schmerzender Arm, der mit Macht auf ein inneres Ungleichgewicht hinweist.

Ein schmerzender Arm

Frau G. berichtet im Gespräch von starken Schmerzen in ihrem rechten Arm. Seit einigen Wochen nähmen sie eher zu als dass Sie nachließen. Der Arzt habe nichts feststellen können, nur wenn sie ihren Kampfsport, Karate, ausübe, seien die Schmerzen spurlos verschwunden. Danach stellten sie sich regelmäßig wieder ein. Da es offensichtlich keine körperliche Ursache gab, lag es nahe zu vermuten, dass es sich hier um eine Botschaft des Unbewussten handelte. Meine Frage lautete daher, welcher seelische Schmerz sie quäle. Zunächst gab sie an, dass alles in Ordnung sei und dass sie ihr Leben gut bewältige. Doch dann brach sie in Tränen aus und berichtete über ihren einzigen Sohn, der ihr große Sorgen mache: Er hatte eine Freundin gewählt, die ihren Erwartungen in keiner Weise entsprach. Sie selbst war schlank und legte größten Wert auf körperliche Fitness. Demgegenüber war die Freundin ihres Sohnes stark übergewichtig und entsprach außerdem nicht ihrem Niveau. Da sie ihren Sohn sehr liebt, will sie ihm seine erste Liebe nicht ausreden, sondern sie spielt die liebevolle Mutter, die alles akzeptiert.

Frau G. stand vor dem Problem, ihren Sohn loslassen zu müssen, ohne dazu in der Lage zu sein. Nachdem ihre Ehe unglücklich verlaufen war, hatte sie ihrem Sohn ihre ganze

Liebe gewidmet. Er war sozusagen Partnerersatz, den sie vor jeglichem Schmerz bewahren wollte. Nachdem schon ihr eigenes Leben so leidvoll verlaufen war, wollte sie ihrem Sohn stellvertretend für sich selbst ein besseres Leben bescheren. In der Beziehung zu seiner Freundin sah sie großes Unglück auf ihn zukommen, ohne dagegen etwas tun zu können. Hinzu kam die Eifersucht: die Angst, ihren Sohn an eine andere Frau zu verlieren, nicht mehr wichtig für ihn zu sein – ein Gefühl, dass sie auch vor sich selbst verbergen wollte.

Im Gespräch wurde Frau G. sich ihrer Aggressionen bewusst, die offensichtlich zu dem schmerzenden Arm geführt hatten. Sie berichtete, dass dieser im Gespräch heiß geworden sei, die Schmerzen schwächer geworden, aber nicht vollkommen verschwunden seien. Als impulsive Person würde sie am liebsten zuschlagen und der aus ihrer Sicht unerfreulichen Situation ein Ende bereiten. Sie war sich ihrer starken Aggressionen bewusst geworden, aber die Schmerzen waren immer noch vorhanden. Schließlich war da noch große Angst vor dem Verlust ihrer wichtigsten Beziehung. Dies glaubte sie nicht ertragen zu können. Der seelische Schmerz, den sie sich ebenso wie ihre große Wut verbieten wollte, war förmlich in den Körper gewandert. Seelischer Schmerz wird so zu körperlichem Schmerz.

Offensichtlich ist es leichter, körperlichen Schmerz zu ertragen, als den Mut aufzubringen, den seelischen Schmerz zu bearbeiten. Oft dominiert hier die Grundüberzeugung, dass dies ohnehin nicht gelingt. Es ist aussichtslos und daher möchte man das Problem am liebsten ausblenden und vergessen. Aber die Seele lässt das nicht zu, sondern inszeniert mit ihren Mitteln das Thema und macht damit deutlich, dass sich hier etwas nicht in Harmonie befindet.

Die Verlagerung von seelischem Schmerz in den Körper geschieht häufig. Fast jeder hat dies bewusst, in jedem Falle aber unbewusst erlebt. Insbesondere unbewältigte Trauer, starke Wut und verdrängte Angst führen häufig zu körperlichen Schmerzen oder Krankheiten.

Frau G. hatte die kluge Botschaft ihres Unbewussten verstanden. Jetzt ging es darum, die Konsequenzen zu ziehen und ihr bisheriges Leben zu überdenken. Die zentrale Frage lautete, wie es ihr gelingen könne, ihren Sohn loszulassen. Insbesondere ihr Drang, jegliches Leid von ihm fernzuhalten, war nur schwer aufzulösen. Hilfreich war die Analyse ihres eigenen Lebens sowie die Frage, ob sie ihr durchlittenes Leid aus ihrem Leben im Nachhinein verbannen wolle oder ob es nicht auch zu ihr dazugehöre und zur Reifung und Läuterung wertvoll gewesen sei. Zuzulassen, dass ihr Sohn sein Leid für seine Entwicklung und Reifung braucht, fällt schwer, ist aber der einzig mögliche Weg in die Unabhängigkeit eines Erwachsenen. Dabei ist der Blick besonders auf die eigene Person zu richten. Nach dem Motto »Ich will nur dein Bestes« lautet die wahre Botschaft: »Ich will nur mein Bestes!«, »Ich will dich nicht verlieren«, »Ich will nicht, dass eine andere Person für dich wichtiger ist als ich«, »Ich brauche dich, weil es einen Menschen geben muss, den ich bedingungslos lieben kann, für den ich sorgen kann und der meinem Leben Bedeutung gibt.«
Obwohl Frau G. sich bemüht, ihren Sohn nicht einzuengen, wird dieser sich im goldenen Käfig gefangen fühlen. Er spürt, wie sehr die Mutter ihn für ihre emotionale Stabilität braucht. Die Partnerwahl kann deshalb auch als (unbewusste) Protestreaktion des Sohnes gedeutet werden.
Die Voraussetzung dafür, dass Frau G. ihren Sohn loslassen kann, liegt darin, dass sie ihre Fixierung aufgeben lernt, indem sie den Schwerpunkt ihres Lebens verlagert, fort von ihrem Sohn: Neue Lebensinhalte, Freunde, Partnerschaft sind Perspektiven, die man nicht als Ersatz, sondern als neue Sinnfindung betrachten sollte.

An diesem Beispiel ist zu erkennen, dass es sich bei hysterischen Symptomen nicht um Simulation handelt, sondern um Schmerzen, die tatsächlich vorhanden sind und äußerst quälend sein können. Auch wenn man die Botschaft des Unbewussten versteht, sind die Symptome nicht unweigerlich verschwunden, sondern es ist in der Regel notwendig, das eigentliche Problem umfassend zu lösen. Die Tatsache, dass es keinen körperlichen Grund für die Schmerzen gibt, bedeutet auch, dass eine medikamentöse Behandlung, etwa mit Schmerzmitteln, zwar das Symptom lindern kann, aber letztlich in die Irre geht, denn der Betroffene versucht, sich an der eigentlichen Problemlösung vorbeizudrücken, mit der Folge, dass er noch viel mehr Leid erfährt. Wenn es keine organischen Gründe für die Schmerzen gibt, sollte der Arzt den Mut haben, dies auch so zu deklarieren. Die Seele eines solchen Patienten lässt sich nicht täuschen. Sie wird sich zu Wort melden, notfalls mit weiterem Leid, emotionalen Störungen oder Krankheiten.

Die Schmerzen in Frau G.s Arm sind ein typisch hysterisches Symptom. Wie schon erwähnt, haben Sigmund Freud und Josef Breuer das Unbewusste als erste erkannt und erforscht. Klassische Symptome waren am Anfang des 20. Jahrhunderts Lähmungen der Arme und Beine sowie das typische »In-Ohnmacht-Fallen«, insbesondere bei Frauen: In Gesellschaften geschah es häufig, dass Frauen ohne erkennbaren Grund in Ohnmacht fielen. Freud nannte diese Störungen »Konversionssymptome«. Ein seelisches Problem »konvertiert« (verwandelt sich) in ein körperliches Leiden. Auffällig ist dabei immer, dass der Körper sich seiner eigenen Sprache bedient, der Körpersprache; er symbolisiert das Problem. Im Laufe der Zeit verschwanden typische Symptome; allerdings traten neue auf.

Aus dem bisher Erarbeiteten kann man ableiten:

- Das Unbewusste ist bei jedem Menschen ununterbrochen aktiv und beteiligt.
- Das Unbewusste ist viel ehrlicher als unser Wachbewusstsein und gibt die richtigen Auskünfte (wenn sie denn verstanden werden).

- Das Unbewusste »spricht« in Bildern und Symptomen, auch mit Hilfe von Krankheiten.
- das Unbewusste »hat ein starkes Mitteilungsbedürfnis«, wenn Kränkungen, seelischer Schmerz oder Entwicklungsprobleme die Seele belasten.
- Viele emotionale Probleme haben unbewusste Anteile.
- Hysterische Symptome lenken sehr häufig vom Eigentlichen ab.
- Zum hysterischen Modus gehört die Inszenierung einer verschlüsselten Botschaft.
- Hysteriker brauchen Publikum, das sie bestätigen soll.
- Ein Hysteriker ist selbst sein wichtigster Zuschauer, weil er sich vor allem selbst etwas vorspielt.
- Es geht um Konflikte, die mit der Persönlichkeitsentwicklung in Zusammenhang stehen, etwa um die Angst vor Zurückweisung, den Kampf um die Liebe eines Elternteils oder um das Selbstwertgefühl.
- Es ist nicht immer leicht, das Unbewusste und seine Botschaften zu verstehen.
- Menschen können ihr Unbewusstes nicht verstehen, weil sie Angst vor Schmerz, Kränkung, Trauer oder Wut haben.

Aus diesen Aussagen kann man als Konsequenz ableiten, dass das Unbewusste erhört werden will und muss. Viel zu wenig werden diese Botschaften im Alltag vernommen, die immer zu einem reicheren und glücklicheren Leben verhelfen wollen.

Bei Herrn S. stellten sich vor dem Essen regelmäßig Schluckbeschwerden ein. Eine organische Ursache war nicht zu erkennen. Während der Therapie gelang es ihm, erstmals Ärger deutlich zum Ausdruck zu bringen. Bis dahin hatte er sich nie getraut, andere zu kritisieren oder sich zu wehren. Zu seinem Erstaunen waren die Schluckbeschwerden verschwunden. Offensichtlich waren sie die Folge von »geschlucktem« Ärger.

Herr P. bekam auf seiner Arbeitsstelle regelmäßig starke Hustenanfälle, die mit dem Gefühl zu ersticken einhergingen. Da er diese Anfälle nie außerhalb der Arbeitszeit bekam, war mit großer Sicherheit davon auszugehen, dass die Hustenanfälle etwas mit der Situation am Arbeitsplatz zu tun hatten, zumal auch Lungenfachärzte keinerlei körperliche Ursachen feststellen konnten. Bei der Untersuchung der psychischen Situation am Arbeitsplatz wurde jedoch verständlich, warum Herr P. keine Luft mehr bekam: Er war arbeitssüchtig. Einerseits hatte er sich auf Grund seiner Kompetenz eine hervorragende Position in der Firma erarbeitet, andererseits glaubte er, unentbehrlich zu sein. Der Hintergrund für seine Arbeitswut war der Versuch, eine tiefe Traurigkeit über seine Homosexualität zu überspielen. Nur am Arbeitsplatz fühlte er sich wertvoll und akzeptiert. Dieses Gefühl wollte sich in seinem sozialen Umfeld nicht einstellen. Hier fühlte er sich schwach und unzulänglich.

Was ist das typisch Hysterische?

Das typisch Hysterische zu erfassen ist seit alters her nicht leicht. Zu bunt und zu wechselhaft sind die Erscheinungsbilder, als dass es hier eine schnelle Übereinstimmung verschiedener Forscher geben könnte. Bis heute dauert diese Auseinandersetzung an. Aus meiner Sicht legt Stavros Mentzos, ein bekannter Psychoanalytiker, ein überzeugendes Konzept vor, und im Folgenden werde ich dies zu Grunde legen.[2]

Traditionell werden drei Gruppen hysterischer Erscheinung unterschieden, die auf den ersten Blick wenige Gemeinsamkeiten aufweisen: Psychische Funktionsstörungen, Konversionssymptome und hysterische Charakterzüge.[3]

Bei der klugen Else konnten wir eine solche Störung erkennen. Ein innerer Konflikt wird auf eigentümlich veränderte Weise inszeniert. Die Angst vor der Hacke, die ihrem Kind auf den Kopf fallen könnte, symbolisiert Elses Ängste bezüglich ihrer eigenen Person. Auf den ersten Blick scheint das eine mit dem anderen nichts zu tun zu haben. Else hat sich von ihrem eigentlichen Konflikt getrennt. In diesem Zusammenhang spricht man von Dissoziation.

Dissoziation bedeutet im weitesten Sinne Trennung, Auflösung oder Isolierung. Dissoziation kommt bei jedem Menschen vor: in Tagträumen, oder wenn man sich fragt, ob man bestimmten Pflichten nachgekommen ist oder nicht, oder wenn man im Alltag von einer brenzligen Situation ablenkt, indem man das Thema wechselt, oder wenn sonstwie *zufällig* etwas passiert. Jemand wehrt damit etwas ab, womit derjenige nicht konfrontiert werden möchte. Es handelt sich um einen Abwehrmechanismus.

Ein anderes Beispiel wäre eine plötzliche Ohnmacht, nachdem ein schlimmer Unfall geschehen ist. Der Betroffene *trennt* sich von einer ihm unerträglichen Situation; dies geschieht automatisch. Während einer solchen Ohnmacht sind alle Körperreaktionen intakt, etwa Atmung, Herzschlag, Reflexe etc.

Das Hysterische kann mitunter auch als Rache verstanden werden: *Ein Kind hat sich über den Vater geärgert, plötzlich fällt »zufällig« die Kaffeekanne um.* Dem Kind ist ein Missgeschick »passiert«. Von böser Absicht kann keine Rede sein, aber die Wut des Kindes auf den Vater hat einen indirekten Weg gefunden, sich bemerkbar zu machen. Je stärker vitale Triebe unterdrückt werden, desto stärker werden sich hysterische Symptome ausbilden. Dies gilt auch für die Sexualität. Nachdem es zu einem freieren Umgang mit der Sexualität gekommen war, verschwanden bestimmte Symptome (etwa das klassische In-Ohnmacht-Fallen).

Nach dem Tod ihres Ehemanns leidet Frau K. unter Schwindelanfällen: Sie möchte zur Arbeit fahren, muss jedoch wieder zurück ins Haus, weil ihr schwindelig wird. Im Grunde weiß sie, dass sie voller Trauer ist, diese aber nicht richtig äußern kann. Sie sagt: »Vor allem will ich es vor meinen Kindern nicht zeigen, wie es mir geht«; denn sie habe gelernt, stark zu sein und dass ihr das alles nichts ausmachen dürfe.

Das Symptom verweist sie auf ein wesentliches Problem in ihrem Leben. Sie kann Trauer nicht zulassen, möchte ihre Kinder nicht belasten und hat gleichzeitig das Gefühl, die Übersicht über ihr Leben zu verlieren, es allein vielleicht doch nicht zu schaffen. Sie *schwindelt*, wenn sie so tut, als mache ihr das alles nicht so viel aus.

Verschiedene psychische Funktionsstörungen wie Dämmerzustände, Gedächtnislücken oder Erregungszustände sind nicht das, was wirklich vorgeht, sondern haben die Aufgabe, etwas anderes, Unerträgliches vom Bewusstsein fern zu halten.

Konversion

Im Falle des schmerzenden Arms haben wir gesehen, dass der Körper selbst sich zu Wort melden kann, indem er ein Symptom erzeugt. Ein Problem konvertiert von einem Zustand in den anderen. Am liebsten würde Frau G. zuschlagen; zusätzlich unterdrückt sie Eifersucht und seelischen Schmerz über das Verhalten ihres Sohnes. So bleibt das Bild einer liebenden Mutter erhalten. Sie kümmert sich um ihr körperliches Symptom und ist vom Eigentlichen abgelenkt.

Herr G. leidet während des Wehrdienstes unter Nasennebenhöhlenentzündungen. Immer wenn er zu Hause ist, klingen die Beschwerden rasch ab. Sobald er wieder zum Dienst muss, verstärken sich seine Symptome. Er erkennt den Zusammenhang zwischen Symptom und Stress, den er während der Dienstzeit erlebt. Von seinem Vorgesetzten fühlt er sich gemobbt und schikaniert. Zusätzlich wird er für dessen Fehler verantwortlich gemacht. Er schluckt seine Wut und seinen Ärger hinunter. Er hat »die Nase voll«.

Herr T. leidet seit einigen Jahren an Schlaflosigkeit oder Schlafstörungen. Er hat nur kurze Schlafphasen, fühlt sich tagsüber schlapp und depressiv. Im Grunde weiß er, was ihn wirklich quält. Nachdem sein Vater nach schwerer Krankheit verstorben war, wollten ihn alle damit trösten, er solle froh sein, dass der Vater endlich von seinem schweren Leiden erlöst wurde. Herr T. fühlte sich unverstanden und spürte eine ohnmächtige Wut auf diese wohlmeinenden Menschen. Er kann seinen Vater nicht loslassen, weil er für ihn so wichtig war. Einfach zu schlafen würde bedeuten, Ruhe zu geben, sich mit etwas abzufinden, aber das kann Herr T. nicht.

Nachdem Frau A. ihre Arbeitsstelle verloren hatte, stellten sich starke Schmerzen im Brustkorb ein. Wenn sie abends Alkohol trank, verschwanden die Schmerzen. Rasch wurde sie suchtkrank und wurde mehrere Male ins Krankenhaus zu einer Entgiftungsbehandlung eingeliefert. Aber wenn sie keinen Alkohol mehr trank, kehrten die Schmerzen zurück. Sie konnte sich nicht mit ihrer Arbeitslosigkeit abfinden. Mit ihrem ganzen Herzen hing sie an ihrem Beruf. So war es auch die linke Brustseite, wo sie die Schmerzen empfand.

Weitere hysterische Symptome sind Lähmungen, Zittern, Blindheit, Schwerhörigkeit, Taubheit, sofern keine organischen Ursachen vorhanden sind; sie wollen etwas zur Sprache bringen, das unerkannt ist oder von der Umwelt nicht wahrgenommen wird. Es wundert nicht, dass man am liebsten auch nur die Symptome abstellen möchte, denn sie sind quälend und unerwünscht.

Man geht zum Arzt, bekommt Medikamente oder medizinische Anwendungen, die nicht wirklich helfen können, sondern alles nur schlimmer machen. Wenn die Seele nicht gehört wird, dann wird sie sich nachdrücklicher bemerkbar machen müssen, mit neuen Symptomen oder mit einer Verstärkung der alten.

2

DIE HYSTERISCHE PERSÖNLICHKEITSSTRUKTUR

Hysterische Persönlichkeitsmerkmale

Das Hysterische gehört zum Menschen; es ist Bestandteil seiner Psyche. Alles Künstlerische, Fantasievolle, Schöpferische und Musische kommt aus der Tiefe des Unbewussten. Die Freude am Spiel, am Theater, an starken Gefühlen gehört zu einer heilen Persönlichkeit. Man kann sagen, dass jeder eine gesunde Portion Hysterie in sich tragen sollte. Viele Künstler haben eine hysterische Persönlichkeitsstruktur, die ihre Kreativität begünstigt. In Gesellschaft von Hysterikern wird es nie langweilig, alles ist farbig und plastisch, vielleicht sogar kreativ und lustig.

Aber ein Übermaß an hysterischen Merkmalen und Tendenzen kann das Leben schwierig und leidvoll machen. Wenn das Hysterische den Charakter eines Menschen dominiert und wenn die Probleme schwerwiegend, umfassend und dauerhaft sind, spricht man von einer hysterischen Persönlichkeitsstörung. Eine Beschreibung fällt allerdings nicht leicht, weil die Symptomatik so facettenreich ist. Die Forschung hat unterschiedliche Akzente gesetzt. Das Hysterische findet sich sowohl im alltäglich »normalen« Verhalten als auch bei schwer gestörten Patienten.

Einigkeit besteht jedoch weitgehend darin, dass es sich um Personen handelt,

- die zu Dramatisierungen und theatralischem Verhalten neigen;
- die auf äußere Veränderungen stark reagieren, entweder mit starker Angst oder Wut, eventuell aber auch mit großer Freude;

- die häufig egoistisches Verhalten zeigen, weil sie sich ganz selbstverständlich um die unmittelbare Befriedigung ihrer Bedürfnisse kümmern;
- die eine starke Neigung in sich tragen, sich auf kindliche Weise selbst von anderen Personen abhängig zu machen und diese auf die eigenen Bedürfnisse zu fixieren; dabei geben sie allerdings nicht den Anspruch auf, selbst unabhängig zu sein;
- die emotional labil sind, zu oberflächlichen Gefühlen, starken Gefühlsschwankungen sowie launischem Verhalten neigen;
- die sich häufig verführerisch (sexy) zeigen, um von anderen bewundert und gemocht zu werden;
- die ständig um ihr eigenes Wohlergehen besorgt sind;
- mitunter wenig Einfühlungsvermögen für andere zeigen oder ihr Mitgefühl übertrieben (unecht) äußern;
- die leicht verführbar (suggestibel) für sich und andere sind.

Nicht alle Kriterien müssen erfüllt sein. Siehe hierzu auch die *Diagnose der histrionischen Persönlichkeitsstörung* im Anhang.

Warum aber werden drei doch so unterschiedliche Erscheinungsformen – Dissoziation, Konversion und hysterischer Charakter – als hysterisch bezeichnet? Auf den ersten Blick ist dies auch nicht leicht zu erkennen. Aber es besteht die entscheidende Gemeinsamkeit, dass es sich immer um eine Darstellung, eine Demonstration von irgendetwas handelt. Jemand versucht bewusst, häufig auch unbewusst, sich anders darzustellen, als er in Wirklichkeit ist. Nur der aufmerksame Beobachter spürt intuitiv, dass es sich um ein Schauspiel handelt. Es gibt oft kaum objektive Beweise dafür, dass es sich um eine Inszenierung handelt, und Betroffene werden häufig die »Wahrheit« vehement zurückweisen, auch wenn die Fakten für sich sprechen.

Eine gewisse Gefahr besteht auch in einer Fehlinterpretation und Willkür der Beobachter. Symptome werden nicht ernst genommen, werden als hysterisch abgetan, abgewertet und zurückgewiesen. An dieser Stelle wiederholt sich das Drama der Hysteriker, denn Zurückweisung ist die Wurzel der hysterischen

Dynamik. Unbewusst bringen Hysteriker andere Menschen dazu, sie zurückzuweisen. Therapeut und Patient müssen daher Verbündete im gemeinsamen Ringen um die Realität sein. Oft sind Psychotherapeuten die ersten, die hysterische Symptome als das nehmen, was sie in Wirklichkeit sind: *kluge Botschaften des Unbewussten.*

Die lebensgeschichtliche Entwicklung

Zur Entstehung einer hysterischen Persönlichkeitsstruktur gehört immer auch eine bestimmte genetische Disposition. Die Bedeutung der Gene rückt wieder ins Zentrum der Aufmerksamkeit, nachdem man lange Zeit versucht hat, alles vor dem Hintergrund psychischer Entwicklung zu erklären. So wie es introvertierte Menschen gibt, die eher zurückhaltend auf die Welt reagieren, ist für die hysterische Person das lebhafte Temperament typisch. Begabung zur Schauspielerei und die Lust an Selbstdarstellung gehören ebenso dazu wie Kontaktfreude, Spontaneität und Geltungsdrang. Oft gehört körperliche Schönheit zu den Anlagen, die besondere Aufmerksamkeit erregen. Schon als Kinder erfahren diese Menschen Bewunderung und lernen, dass sie etwas Besonderes sind. Sie müssen nicht viel tun, um von anderen geliebt zu werden. Sie erleben Verwöhnung und entwickeln eine übertriebene Anspruchshaltung.

Zur hysterischen Persönlichkeit gehört vor allem das unbedingte Bedürfnis, ins Zentrum der Aufmerksamkeit zu gelangen. Tritt jemand mit einer hysterischen Persönlichkeit in das besetzte Wartezimmer eines Arztes, wird dies auf die Wartenden sehr rasch Eindruck machen. Die Aufmerksamkeit aller wird, wie von einem Magneten angezogen, auf die hysterische Persönlichkeit gelenkt. So wie sie sich in Szene setzt, sich bewegt, wie sie jemanden anspricht und viel zu laut eine Meinung äußert oder auch Blickkontakt sucht, wird es schwer, sich diesem Szenarium zu entziehen.

Frau I. betritt mit ihrem sechsjährigen Sohn das Wartezimmer eines Arztes. Das Ablegen von Mütze und Anorak wird zelebriert, der Junge laut nach dem Wellensittich gefragt. Eine Bekannte, die sie vielleicht einmal auf der Straße getroffen hat, wird wie die beste Freundin begrüßt. Beiläufig erfahren alle Anwesenden, dass der Junge schon lesen konnte, bevor er in die Schule kam, dass aber die gesamte Schulklasse im Rechnen weit zurück sei, der zuständige Lehrer schon seit zwei Wochen krank sei und das Gerücht umgehe, er strebe seine Pensionierung an, und dass dies den Beamten viel zu leicht gemacht werde und überhaupt ein Skandal sei …

Solche Menschen suchen Beachtung und Aufmerksamkeit; es ist für sie nur schwer erträglich, wenn ihnen dies nicht gelingt. Lieber negative Aufmerksamkeit als keine! Lieber Streit als gar keine Beachtung! Dies macht das Zusammenleben, etwa in einer Partnerschaft, schwierig.

Im Märchen sind die Schellen, die Hans seiner Frau umhängt, das Symbol für ihre hysterische Persönlichkeitsstruktur. Wir kennen dies von Figuren wie Narr, Clown, Harlekin und Bajazzo: sie alle tragen Schellen an ihren Gewändern. In diesen Kostümen wird das Hysterische spielerisch zum Ausdruck gebracht. In jedem von uns gibt es Tendenzen und Elemente dieser seltsamlustigen Figuren, die mitunter jedoch verdrängt und verschüttet sind. Ihr Ziel ist es, in einer anderen Person bestimmte Gefühle zu erzeugen. Man möchte sie anstecken, besser: *verführen* und ihre eigene Verrücktheit wecken. Sie sollen in die Stimmung und die Welt der Künstler und Narren eintauchen. Erwachsene lassen sich vielleicht nicht infizieren, sie bleiben distanziert und abgeklärt, aber Kinder sind wesentlich empfänglicher, weil sie zu diesen Bereichen ihrer Seele noch Zugang haben. Um mit Nachdruck auf sich aufmerksam zu machen, setzten diese Figuren zusätzlich bunte Schminke, grelle, leuchtende Farben und schrille Töne ein.

Das Spiel gehört zum Menschen und besonders zu kleinen Kindern. Jeder kennt ihr Verhalten, wenn sie z.B. keine Lust haben, zu Bett zu gehen. Sie spielen ein Spiel, und Kinder spielen gern Theater: Das Kind hat plötzlich Durst oder muss dringend zur Toilette; es hat Hunger oder Bauchschmerzen. Erfahrene Eltern akzeptieren ein solches Spiel eine Weile lang mit einem Schmunzeln und machen dann deutlich, dass sie das Theater durchschauen, und setzen Grenzen. Für den gesunden Entwicklungsprozess ist es nicht gut, wenn Kinder mit ihren Eltern nach Belieben *spielen* können. Kinder merken sehr schnell, mit welchen Tricks sie Vater oder Mutter zum Nachgeben bringen und – meist verhängnisvoller – gegeneinander ausspielen können. Leider haben immer mehr Eltern Angst vor ihren Kindern: Sie fürchten zornige Ausbrüche, lautstarke Beschimpfungen, Abwertungen oder kalten Rückzug. Mitunter beginnt der Terror bereits im Säuglingsalter. Kinder spüren, dass ihre Eltern ihnen nicht gewachsen sind, und setzen ihre Bedürfnisse rücksichtslos durch. Sie lernen, dass sie mit ihrem Spiel Erfolg haben, und wenden diese Verhaltensweisen immer wieder an.

Bei Hysterikern war das Erziehungsmilieu oft chaotisch, wirr, unklar und unbeständig. Gerade als das Kind klare Grenzen und Vorgaben brauchte, war in einer solchen Atmosphäre eher Willkür die Regel. Oft waren die Eltern widersprüchlich in ihren Vorgaben. Nicht selten war das Elternbild gespalten, strenger Vater und verwöhnende Mutter oder umgekehrt. In der Erziehung arbeiteten sie gegeneinander, und selbstverständlich fand das Kind für sich den bequemsten Weg, um sich etwa vor unangenehmen Aufgaben zu drücken. So blieb es in einer ansprüchlichen Passivität.

Was in der Erziehung wirklich zählt, ist das Vorbild, und in diesem Punkt wurden die Regeln auch von Eltern oft nicht wichtig genommen, nach der Devise: *Wenn es dem eigenen Vorteil dient, kann man immer mal ein Auge zudrücken.* Insgesamt mangelte es in der Erziehung daran, dass Regeln eingehalten wurden. Es fehlt die Erfahrung, dass Leistung und Engagement

Spaß machen können und zu einem stabilen Selbstwertgefühl führen.

Innere Strukturen, die zu einer belastbaren Persönlichkeit führen, entwickeln sich auch über Frustrationen. Man kann nicht alles im Leben bekommen, und daher ist es wichtig, dass ein Kind lernt, mit Grenzen und Einschränkungen umzugehen. Gerade die Überwindung von Niederlagen stärkt die seelischen Muskeln. Ein Kind will im richtigen Maß frustriert werden: nicht zu viele Frustrationen, aber auch nicht zu wenige. Das väterliche Prinzip in der Erziehung setzt Grenzen, ordnet und bietet so Sicherheit. Das mütterliche Prinzip steht eher für Liebe, Fürsorge, Versorgung und emotionale Wärme. Fehlt das väterliche Prinzip oder ist es zu schwach, wird dies von Kindern mitunter eingefordert; sie testen die Grenzen. Während es im viktorianischen Zeitalter eine starke Überbetonung des väterlichen Prinzips gab, fehlt es in der Phase der antiautoritären Erziehung. Bei Menschen mit einer hysterischen Persönlichkeit geraten die inneren Strukturen immer wieder in ein Chaos. Einmal fordern sie andere dazu auf, ihnen Grenzen zu setzen; wenn dies dann geschieht, lehnen sie sich dagegen auf. Regeln geben Sicherheit; aber wenn man sie hat, kann man mit Lust dagegen verstoßen, besonders um die eigene Unabhängigkeit zu demonstrieren. Nicht selten bleibt der innere Machtkampf mit den Eltern oder einem Elternteil erhalten. Dramatisch erleben wir dies bei den Hysterikern vom Rache-Typ[4], der noch beschrieben werden wird. Sie haben das Gefühl, zu kurz gekommen zu sein, und kämpfen verzweifelt um ihr Recht.

In der Psychotherapie ist es sinnvoll, das auffällige Verhalten eines Menschen als misslungenen Versuch von Problemlösung zu verstehen. Bei Hysterikern entsteht dieses Problem früh in der Kindheit. Bei der *klugen Else* war der starke Verdacht entstanden, dass die Eltern sie loswerden wollten. Wie bereits beschrieben, sind Hysteriker anstrengend und erleben, dass man sie los sein möchte. Unbewusst inszenieren sie das bekannte Drama immer wieder. Frühe Zurückweisungen verursachten eine Wunde, die nicht heilen konnte. In der Folge dieser Verletzung entwickelt sich eine große Angst vor Zurückweisung. Um dieser Zurückweisung zu entgehen, investieren Hysteriker immer wieder viel Energie und geben niemals auf.

Diese Wunde zu verstehen ist oft nicht leicht, weil sie verborgen gehalten wird. Im Folgenden werden einige typische Varianten beschrieben, die in der Psychotherapie des öfteren beobachtet wurden. Das Beschriebene kann bei Interessierten eine Anregung sein, die eigene Lebensgeschichte zu reflektieren.

Die Angst vor Zurückweisung

Beobachten wir den Vorgang, wie er sich im Märchen abbildet, dann sehen wir, dass die Schellen die *kluge Else* aus der Bahn werfen. In der Realität verhält es sich tatsächlich so. Das Theater, das Else in ihrer Herkunftsfamilie mit Erfolg aufführen konnte, funktioniert in anderen Bereichen nicht mehr – sie muss scheitern. Ein Mangel, eine Verletzung oder schwierige Umstände führten dazu, dass immer wieder das gleiche Problemlösungsverhalten praktiziert wurde: Ein Kind erfährt vielleicht immer nur Beachtung, wenn es kaspert und andere zum Lachen bringt. Ein kleines Mädchen wird auf die Rolle der Prinzessin fixiert. Es erlebt Verwöhnung und darf nicht erwachsen und unabhängig werden. Es lernt: Wenn ich mich schwach und niedlich zeige und gerade dieses Spiel, gerade dieses Theater inszeniere, bin ich bedeutsam und wichtig für andere. Dies ist gleichzeitig ein Schutz gegen Kritik, gegen Angriffe, die verletzen oder Grenzen aufzeigen könnten, die man nicht akzeptieren möchte.

Ein Grundmotiv jedes Menschen ist das Streben nach Bedeutung. Ein Kind will wichtig sein für seine Eltern; dafür ist es bereit, fast alles zu tun. Nicht immer sind die Eltern in der Lage, ihr Kind anzunehmen. Sie lehnen es ab, es ist ihnen eine Last, oder es muss bestimmten Erwartungen und Bedingungen genügen, um akzeptiert zu werden. Kinder haben besonders feine Antennen dafür, wie die Eltern zu ihnen stehen.

Die Eltern schreiben das Beziehungsbuch, in das alles eingetragen wird, was für spätere Beziehungen von Bedeutung ist. Es sind Botschaften, die sich tief in die Persönlichkeit einprägen. Die harte Botschaft *»Ich mag dich nicht, du bist mir eine Last«* stürzt ein Kind in große Selbstwertprobleme. Es wird sich voraussichtlich selbst nicht mögen und immer das Gefühl haben, eine Last für sich selbst und andere zu sein. Das Selbstgefühl ist das Gefühl, welches ein Mensch für sich selbst hat. Es wird maßgeblich von den Eltern geprägt, die ihr Kind spiegeln: *»Du bist wichtig und wertvoll, und ich freue mich, wenn du in meiner Nähe bist.«* Dies wäre eine positive Spiegelung, die genau so in das »Beziehungsbuch« eingetragen wird. Kinder möchten auch, dass die Eltern mit ihnen solidarisch sind, dass sie Hilfe bekommen, wenn sie angegriffen werden, etwa von Mitschülern, oder sonstwie ungerechte Behandlung erfahren.

Wenn die Spiegelungen der Eltern nicht positiv sind, bedeutet dies Schmerz und Leid und führt zu Vermeidungsstrategien. Der Schmerz der Zurückweisung wird besonders in der Herzgegend wahrgenommen. Das Kind versucht, die positiven Eintragungen ins Beziehungsbuch trotzdem zu bekommen, damit es sich wohl fühlt oder zumindest diese Qual der Nichtbeachtung und Abwertung vermindert wird. Mit Hilfe der eigenen Begabungen entwickelt es in dieser Notlage ein individuelles System, das möglichst optimal auf das Problem reagiert. Die hysterische Variante besteht darin, mit Nachdruck auf sich aufmerksam zu machen: Ein Theaterspiel wird aufgeführt. Das kleine Kind, das ständig kaspert und alle zum Lachen bringen möchte, sucht Zuwendung, die es auf direktem Weg vermutlich nicht erhält. Oder: Solange es den Clown spielt, streiten die Eltern nicht. Es gibt unendlich viele Möglichkeiten und Spielarten, auf sich aufmerksam zu machen, weil der Fantasie hier keine Grenzen gesetzt sind.

Jedes Kind hat das Bedürfnis, von beiden Elternteilen geliebt zu werden. Mädchen fühlen sich ab dem dritten Lebensjahr besonders zum Vater hingezogen. Wenn sie älter werden, kann es geschehen, dass der Vater Angst vor der Erotik der Tochter bekommt. Mädchen erleben sich plötzlich zurückgewiesen und können das veränderte Verhalten des Vaters nicht verstehen, weil ein Gespräch über die Ängste des Vaters nicht möglich ist. Sie beziehen die Zurückweisung auf die eigene Person und fühlen sich abgewertet, insbesondere in ihrer weiblichen Identität. Daraus erwächst das Bedürfnis, vor allem als Frau, als sexuelles Wesen wahrgenommen zu werden. Die Übertreibung, das Zurschaustellen des Körpers und der sexuellen Reize lässt auf eine tiefe Verunsicherung schließen. Auch wenn die Partner auf diese Reize reagieren, wird die Verletzung bleiben. Sie wird nicht heilen, weil die frühe Zurückweisung nicht verstanden und integriert werden konnte.

Das Drama des Hysterikers ist die tiefe (unbewusste) Angst vor Zurückweisung. Daraus entwickelt sich der übertrieben starke Drang, beachtet und geliebt zu werden. Diese Angst ist nicht unberechtigt, denn tatsächlich ist ja eine tiefe und sichere Verankerung der Selbstliebe in der Persönlichkeit nicht gelungen. Nicht selten waren es traumatische Erfahrungen wie massive Zurückweisungen oder sexueller Missbrauch, die tiefe Wunden schlugen. Die extreme Suche nach Beachtung und Bedeutung lässt auf das innere Defizit schließen.

Manche Kinder reagieren auf Zurückweisungen durch die Eltern mit Rückzug. Sie werden traurig und stumm. Anders beim hysterischen Modus: Sie werden lauter, fordernder und anspruchsvoller. Sie geben keine Ruhe, sondern versuchen, die Aufmerksamkeit trotzdem zu bekommen.

Die kleine Lisa will unbedingt mit ihrem Vater ihr Lieblingsspiel spielen. Da dieser jedoch gerade eine interessante Fernsehsendung anschaut, will er Lisa auf später vertrösten. Lisa wird immer drängender, ihre Stimme wird schrill, er habe es doch versprochen, sie will es gleich und sofort. Sie gibt keine Ruhe, bis ihr Vater endlich nachgibt.

Natürlich ist ihr Vater beim anschließenden Spiel nur halb bei der Sache. Er ärgert sich, weil er auf eine interessante Sendung verzichten muss. Lisa ist äußerst sensibel und spürt die Verstimmung. Das Gefühl, zurückgewiesen worden zu sein, bleibt bestehen, obwohl der Vater ihrem Wunsch nachgekommen ist.

Lisa hat bis dahin nicht gelernt, auch auf die Bedürfnisse des Vaters Rücksicht zu nehmen. Sie bleibt auf ihre eigenen Wünsche fixiert, und es gelingt ihr nicht, Kompromisse zu schließen. Sie ist darauf ausgerichtet, die eigenen Bedürfnisse durchzusetzen, und fühlt sich anschließend schuldig. Dies entwickelt sich zum generellen Problemlösungsmuster. Obwohl andere nachgeben, fühlt sie sich dann doch zurückgewiesen. Es bleibt eine latente Angst vor Zurückweisung. Mit ihrem fordernden Verhalten bekommt sie viel, meist zu viel, aber sie wird nicht zufrieden – es ist ein Fass ohne Boden.

Zurückweisung wird erlebt, wenn Eltern ihre Kinder, oft aus beruflichen Gründen, dauerhaft in die Obhut anderer, etwa der Großmutter geben. Der Schmerz darüber wird verdrängt. Der Ort, wo er sich im Körper manifestiert, ist wie gesagt das Herz. Auch kleinen Kindern kann das Herz gebrochen werden, wenn sie ihre Bezugspersonen verlieren. Sie reagieren im künftigen Leben besonders stark auf Zurückweisungen, weil sich ein frühes Drama wiederholt.

Bei der hysterischen Persönlichkeitsstörung ist die Rede von einer Kernschwäche, von einer tiefen Verunsicherung, die Betroffene mit ihrem exaltierten Verhalten ausgleichen wollen. Im Beziehungsbuch steht demzufolge: »*Ich will und muss alles tun, um Aufmerksamkeit zu bekommen. Keine Aufmerksamkeit bedeutet Wertlosigkeit.*« Aber der ständige Versuch, das eigene Selbstwertgefühl aufzurichten, ist zum Scheitern verurteilt, weil Hysteriker nicht daran glauben können, wirklich wichtig und wertvoll zu sein. Auch wenn es mitunter gelingen mag, andere zu beeindrucken, bleibt die innere Unsicherheit. Eine bleibende Unzufriedenheit treibt sie alle zu immer neuem Perfektionismus an. Die makellose Schönheit, die jeder bestaunt, vor der alle verstummen, verdeckt wie eine Mogelpackung die innere Wüste, besonders die innere Leere. Beispiele hierfür finden wir auf der Bühne der Superstars und Superreichen. Drogen, Alkohol und andere Exzesse sollen die innere Leere aufheben.

Hysterische und narzisstische Persönlichkeiten haben kein festes inneres Gefäß, wo Erfolge und Bestätigungen sicher gelagert werden können und zu einem stabilen Wertgefühl verhelfen, das auch in Zeiten der Niederlagen oder Krisen nicht zu erschüttern ist. Die positiven Leistungen fallen wie durch ein Sieb, und daher müssen Anerkennung, Zustimmung und Wichtigsein immer wieder aufs Neue errungen werden. Das ist anstrengend und führt zu vielen Schwierigkeiten.

Die Sucht nach Anerkennung

Mitunter ist eine regelrechte Sucht nach Anerkennung zu beobachten. Tatsächlich haben viele Verhaltensweisen suchtartigen Charakter. Die Ähnlichkeiten mit einer Suchtmittelabhängigkeit sind nicht zufällig. Auch der Alkoholiker bekämpft ein inneres Problem mit den falschen Mitteln: Er versucht, es mit Alkohol zu betäuben. Das innere Problem des Hysterikers ist das Gefühl der Wertlosigkeit und Bedeutungslosigkeit. Seine Versuche, dieses innere Problem mit aufgesetztem Verhalten, mit Theaterspielen, Sich-in-Szene-Setzen, Manipulation anderer usw. lösen zu wollen, ist verständlicherweise nicht möglich. Das Motto lautet: Mehr vom selben, denn manchmal scheint man Erfolg zu haben, wenn auch nur für kurze Zeit. Dies wirkt verstärkend, und daher wird das Verhalten immer wieder eingesetzt. Wie bei einer echten Suchterkrankung kommt es auch hier zu einem Kontrollverlust. Bestimmte Verhaltensweisen werden immer wieder gezeigt, obwohl sie negative Folgen haben. Betroffene leiden unter ihrem

Verhalten, sind aber unfähig, irgendetwas zu ändern oder auf destruktive Verhaltensweisen zu verzichten. Im Gegenteil, sie verstärken ihre Anstrengungen, weil sie irgendetwas gutmachen wollen.

In Beziehungen werden diese früh gelernten Verhaltensweisen immer wieder angewandt. Es hat eine Einschränkung stattgefunden, die eine Veränderung unmöglich macht, weil es zu einer Fixierung auf die immer gleichen Problemlösungsstrategien kam. In diesem Fall hat sich eine Persönlichkeitsstörung eingestellt. Von ihrem fantasierten Ziel – grenzenlose Liebe, Bewunderung, absolute Aufmerksamkeit, Beifall, Aufsehen, Wichtigsein – entfernen die Betroffenen sich immer weiter.

Menschen mit einer hysterischen Persönlichkeitsstörung können nicht erkennen, dass das Problem in ihnen selbst liegt.[5] Sie glauben (weil sie ja klug sind), dass die anderen sich nicht richtig verhalten. Nach dem Scheitern verschiedener Beziehungen hört man Äußerungen wie: »Ich gerate immer an die falschen Männer (Frauen)« oder »Alle Männer (Frauen) sind beziehungsunfähig«.

Weitere Merkmale der hysterischen Persönlichkeit

Die hysterischen Persönlichkeitsmerkmale können sehr unterschiedlich ausgebildet sein, von leichten Ausprägungen bis hin zu stark belastenden und extremen Formen krankhafter Persönlichkeitsveränderung. Vieles fällt im Alltag kaum auf, gilt als interessant, erheiternd, etwas schräg, »durchgeknallt«, exaltiert, überspannt oder exzentrisch. Dies alles bringt Farbe ins Leben und die Welt wäre ärmer, wenn es dies nicht gäbe. Vieles gilt in diesem Zusammenhang als »kultig« und »hip« und wird besonders in Szenen ausgelebt, die sich der starren gesellschaftlichen Norm entziehen möchten.

Die Lust, sich ins Zentrum der Aufmerksamkeit zu spielen, ist bei vielen Menschen vorhanden. Es macht Spaß, etwas Interessantes zu erzählen, witzig und unterhaltsam zu sein. Wenn diese Eigenschaften in einem angemessenen Umfang gelebt werden, ist dies für jeden bereichernd und trägt maßgeblich zu einem glücklichen Leben bei. Die Fähigkeit, sich in Gesellschaft wohl zu fühlen, gehört zu einer gesunden Persönlichkeit. Der gehemmte Mensch meidet Gesellschaft, weil er sich dort nicht wohl fühlt. Anders der Hysteriker: Er sucht die Gesellschaft, weil sie ihm Gelegenheit bietet, sich zu präsentieren. Besser ausgedrückt: *Für Hysteriker ist es unerträglich, nicht im Zentrum der Aufmerksamkeit zu stehen.* Sie wissen sich in Szene zu setzen und sind oft gute Unterhalter.

Immer leiden sie unter der Angst, nicht genügend Aufmerksamkeit zu bekommen, denn darin sind sie unersättlich. Sie wollen sich förmlich auffüllen mit Bewunderung und Beachtung durch andere. Empfindlich reagieren sie, wenn sie nicht genügend herausgehoben und bevorzugt behandelt werden: »*Der kannte nicht mal meinen Namen und wusste gar nicht, wer ich bin.*«

Sie geraten leicht in Konkurrenz mit anderen, die tatsächlich oder vermeintlich mehr Aufmerksamkeit bekommen. Sie konkurrieren besonders leicht mit gleichgeschlechtlichen potenziellen Rivalen. Diese Szenen eignen sich besonders, die eigene Brillanz zu erhöhen. Aber sie können auch leicht außer Kontrolle geraten, wenn die Wut über den Rivalen zu stark wird. Lieber ein Skandal, als im Hintergrund zu versauern, so das Motto!

Frau K., eine impulsive Persönlichkeit, beleidigt eine andere Frau auf einer Party. Sie unterstellt ihr, sie habe verschiedene Lügen verbreitet. Alle sind peinlich berührt, zumal es sich um einen lauten Auftritt von Frau K. handelt. Sie selbst verlässt triumphierend die Gesellschaft: Endlich traut sich jemand, die Wahrheit zu sagen!

Die tiefe Angst, nicht genügend wichtig zu sein, treibt Hysteriker zu immer neuen Anstrengungen und Inszenierungen. Aber am Ende wird es doch wieder nicht reichen, und es bleiben die Leere, die Unzufriedenheit und das schale Gefühl, nicht zu genügen, im Grunde doch nicht wichtig zu sein. Die hysterische Persönlichkeitsstruktur lässt sich mit einem Auto vergleichen, bei dem man vergessen hat, den Gang einzulegen. Der Motor heult laut auf, aber es bewegt sich nicht voran.

Je tiefer die Angst, unwichtig zu sein, desto stärker die Suche nach einem neuen Nervenkitzel, einem neuen Event, nach einem neuen Skandal. Vielleicht könnte es ja doch noch gelingen, die innere Unzufriedenheit zu überwinden!

Vor diesem Hintergrund lässt sich auch die ausgeprägte, manchmal krankhafte Neugier erklären. Hysteriker wollen alles wissen, insbesondere wo andere Fehler machen oder scheitern. Von höchstem Interesse sind moralische Verfehlungen der anderen, etwa Seitensprünge, Unwahrheiten, kriminelle Vergehen. Sie haben einen siebten Sinn für Geheimnisse, etwa welche Kollegin ein intimes Verhältnis mit welchem Mitarbeiter hat. Dies zu wissen ist von höchster Bedeutung und kann die Gedanken tagelang beschäftigen. Sie spinnen Intrigen und verstehen es meisterlich, Personen gegeneinander auszuspielen. Oft lässt sich dieses Verhalten bis in die Kindheit zurückverfolgen; da ging es schon früh um Rivalität mit Geschwistern und darum, bei einem Elternteil gut dazustehen.

Ein weiteres hysterisches Merkmal ist die *Pseudologik*: Die Argumente erscheinen logisch oder werden als logisch angeboten, sind es aber nicht. Alle Fakten werden so gedreht, wie man sie haben will. Wenn man es mit der Realität schon nicht so genau nehmen muss, dann ist es auch einfacher, die Lösung von Problemen zu erraten, statt sie mühevoll zu erarbeiten. Hier können wir wieder die *kluge Else* erkennen. Ihr Denken ist an den eigenen Bedürfnissen orientiert, und die Welt wird eben nur aus dieser Perspektive gesehen. Im Konfliktfall gesellt sich zur Pseudologik eine gehörige Portion Selbstgerechtigkeit. So lassen sich Hysteriker nicht so leicht von ihrer Meinung abbringen, denn sie befürchten schnell Nachteile, die ihren verwöhnten Ansprüchen zuwiderlaufen. Die Sprache bietet unendliche Möglichkeiten, wenn man mit ihr umzugehen weiß. Man kann andere beschwatzen, totreden, zutexten, überreden, ihnen etwas aufnötigen, einflüstern, sie verleiten, anstiften. Die künstliche Realität, die man sich mit derartigen Aktionen erschafft, wird schließlich selbst als wahr angesehen.

Die Wahrnehmung des Hysterikers erfasst vor allem das Vordergründige, die Fassade. Er reagiert emotional auf die Welt, so wie er gerade gestimmt ist, und weniger sachlich, analytisch. Nichts steht fest, alles kann sich wandeln. Am liebsten lebt er in einer heilen Welt, ist romantisch, und seine Idylle darf nicht gestört werden. Die Faszination des Augenblicks verführt zu unüberlegten Aktionen. Zusagen werden gemacht, deren Konsequenzen nicht überlegt werden, die tatsächlichen Fähigkeiten werden überschätzt und Ängste überspielt. Die Realitätsprüfung ist mangelhaft und führt immer wieder zu Verstrickungen. Die eigenen Anteile am Dilemma werden nicht gesehen, sondern anderen zugeschrieben.

Im Folgenden finden wir eine typisch hysterische Reaktion:

Herr T. hat Besuch von einem Arbeitskollegen. Beide sind leitende Projektingenieure und diskutieren längere Zeit über eine komplizierte Problemlösung. Schließlich schaltet sich die Ehefrau von Herrn T. ein und behauptet, die einzig richtige Lösung zu kennen. Herr T. ist bestürzt, denn natürlich kann seine Frau als Außenstehende die komplizierten Zusammenhänge nicht kennen. Er fühlt sich vor seinem Kollegen blamiert.

Theoretisch ist es natürlich nicht ausgeschlossen, dass Frau T. eine perfekte Lösung präsentiert. Dies war aber leider nicht der Fall, sondern die hysterische Dynamik wurde ihr zum Verhängnis. Viel zu lange hatte Frau T. sich nicht beachtet gefühlt. Dies machte sie unruhig und ärgerlich. Mit der Präsentation der richtigen Lösung hatte sie sich wieder ins Zentrum der Aufmerksamkeit katapultiert. Ihr starkes Bedürfnis, wichtig zu sein, musste befriedigt werden. Allerdings realisierte sie nicht, dass sie sich in gewisser Weise lächerlich gemacht hatte.

Irgendwie spürt Frau T. ihr Fehlverhalten. Aber sie sieht es nicht ein, sondern verteidigt es. Die Folge ist, dass ihr Selbstwertgefühl dauerhaft schlecht bleibt. Die Wahrscheinlichkeit, dass sich ähnliche Szenen wiederholen, ist groß.

Hysteriker sind spontan, unvermittelt und manchmal willkürlich. Sie neigen zu unüberlegten Reaktionen. Mitunter finden sie traumwandlerisch sicher die Fettnäpfchen, in die sie unbedacht, zufällig – oder doch nicht zufällig – hineintappen.

Ungezwungen treten sie mit anderen Menschen in Kontakt. Wer dies beobachtet, kann leicht den Eindruck bekommen, dass ein Hysteriker jemanden, mit dem er gerade zum ersten Mal spricht, schon seit Jahren kennt. Die Vertrautheit, die Hysteriker herstellen, ist in Wirklichkeit gar nicht vorhanden.

Fantasie ersetzt Realität

Man darf an dieser Stelle das Märchen absolut ernst nehmen: Else hat sich in eine Fantasie hineingesteigert; sie nimmt diese unbedingt ernst und hält sich selbst für klug, wegen ihrer Weitsicht. Alle bestätigen dies, und selbst der zunächst so nüchtern wirkende Bräutigam Hans ist völlig überzeugt, dass dies eine kluge Weise des Denkens ist. Nach dem Motto: Wenn alle so denken, dann wird es schon richtig sein! Er lässt sich verführen und trifft seine folgenreiche Entscheidung!

Die Fantasie gehört zum Wertvollsten, das wir besitzen. Der fantasielose Mensch ist ein armer Mensch. Kreativität, schöpferisches Handeln in allen Bereichen der Musik, der darstellenden Künste, der Wissenschaft ist in erster Linie ein Produkt der Fantasie. Zuerst existieren die Dinge in unserer Fantasie, bevor sie Realität werden können. Daher trifft es auch zu, dass starke innere Bilder sich zu verwirklichen pflegen. Die Fantasie ist ein Kanal aus dem Unbewussten und der Motor der menschlichen Evolution. Ohne Fantasie sind Fortschritt und Fortentwicklung nicht möglich. Aber wie so vieles, was eigentlich positiv und konstruktiv genutzt werden soll, kann auch die Fantasie zu einer sehr nachteiligen und verhängnisvollen Falle werden. Menschen mit hysterischem Charakter verfügen immer über eine rege Fantasie: Das Leben ist bunt und wird niemals langweilig, weil immer etwas passiert. Fantasie und Realität sollten möglichst in einem ausgeglichenen Verhältnis stehen. Insbesondere sollte die Realität dort den Ton angeben, wo dies angemessen ist. Beim hysterischen Charakter ist das oft nicht der Fall: Fantasie und Realität werden verwechselt. Das hat Folgen für die emotionale Stabilität und wirkt sich oft negativ im Kontakt zu anderen aus.

Menschen mit einer hysterischen Persönlichkeit träumen lebhaft und ziehen sich oft in Tagträume zurück. Manchmal verwischen sich Fantasie und Realität. *Hab ich das nur geträumt oder ist das tatsächlich passiert?* – eine nicht seltene Frage. Unangenehmes wird einfach vergessen oder bagatellisiert. Tucholsky wird der Satz zugeschrieben, der die hysterische Dynamik perfekt persifliert: *»Was war das?« fragte die Jungfrau und gebar ihr erstes Kind.* Vieles bleibt unklar, unlogisch, nebelhaft, ohne dass dies ein wirkliches Problem wäre. Unbekümmert werden Fakten ignoriert und Widersprüche abgetan. Hysteriker hören oft nicht zu, insbesondere wenn das Gehörte unangenehm werden könnte.

Mit Hilfe der Fantasie gelangt man in eine andere, leichtere und konfliktfreiere Welt. Hysteriker zeichnen sich durch Faktenfeindlichkeit aus: »Was kümmert mich mein Geschwätz von gestern, wenn ich mich heute großartig fühlen kann!« Es zählt der Augenblick, das momentane und das nächste Event. Mit Hilfe der Fantasie kann man sich in eine bessere Welt befördern, die wie im Schlaraffenland ein konfliktfreies und sorgloses Leben bietet. Insbesondere der Traum von der absoluten Liebe lässt sich nur an diesem Ort verwirklichen.

Der Vorteil eines solchen Lebens liegt auf der Hand, weil es Konflikte oder Leid nicht geben soll. Die Fantasie schützt wie ein

Vorhang, sodass die Härten des Lebens nicht so belasten. Man lebt in einer Scheinwelt. Demgegenüber sind die Nachteile dramatisch: Man kennt sich mit der Realität immer weniger aus, und so holt die Wirklichkeit auch die kluge Else ein. Die wirkliche Welt ist manchmal hart, und die Konfrontation mit ihr verläuft oft sehr ernüchternd. Nach jeder Niederlage kommt der Wunsch auf, sich wieder in eine Scheinwelt zurückzuziehen. Echte Härten werden allerdings als besonders schlimm erlebt, weil sie übersteigert wahrgenommen werden. Hier kann es zu einem regelrechten Teufelskreis kommen. Immer mehr unangenehme, bittere Wahrheit wird verdrängt, sodass das Leben immer unrealistischer und schwieriger wird. Menschen haben dann wie die kluge Else tatsächlich das Gefühl, nicht mehr zu wissen, wer sie selbst sind. Die Angst, verrückt zu werden, ist oft ein hysterisches Symptom.

Ein weiteres Element, das hysterisches Fühlen und Erleben ausmacht, finden wir ebenfalls bei der klugen Else: Sie steigert sich in Angst oder Ängste hinein. Das Unheil entsteht nur in der Fantasie, und allein dadurch wird Angst erzeugt. Jeder kann sich in Angst hineinsteigern, wenn er nur genügend Katastrophenfantasie entwickelt. Die kluge Else verfügt offensichtlich über die Fähigkeit, sich blitzschnell in den Zustand hineinzufühlen, ein Kind zu verlieren. Das Wort Einbildung darf man getrost wörtlich nehmen. Sie »bildet« sich etwas »ein«. Dabei ist das Bild, das vor dem geistigen Auge entsteht, besonders beachtenswert. Nur wenn dieses Bild genügend deutlich und klar ist, kann sich auch das zugehörige Gefühl einstellen. Kleine Kinder verfügen normalerweise über viel Fantasie und daher über die Fähigkeit, sich etwas einzubilden. Sie sind zu starken Gefühlen in der Lage. Starke Gefühle sind an vielen Stellen erwünscht, etwa wenn Freude, Liebe oder Glück erlebt werden. Gefühle können einen Menschen überfluten wie eine Sturzwelle, die das Land unter Wasser setzt, etwa starke Angst oder starke Wut.

Menschen mit einer hysterischen Persönlichkeitsstruktur verfügen über diese Einbildungskraft, die ihnen allerdings leicht zum Verhängnis wird und immer wieder zu massiven Nachteilen führt. Da sie zudem über eine sehr sprunghafte Fantasie verfügen, können sie selbst und andere wenig sicher sein, was als nächstes geschieht. Ständig kommen neue Ideen und Einfälle, die blumig und mit viel Energie ausgebreitet werden. Die Fantasie ist immer im Spiel, wenn Ereignisse ausgemalt und übertrieben werden. Die begleitenden Gefühle sind dann auch entsprechend stark. Darüber weiter unten, wenn es um Dramatisierungen geht.

Auf eine höchst bedeutsame Tatsache macht der Psychoanalytiker Israel aufmerksam. Er fragt, woher die Hysterikerin die Maßstäbe für ihr auffälliges Verhalten nimmt, etwa besonders sexy auszusehen? *Natürlich aus der Fantasie der Männer!* Da ist die ständige Angst, nicht zu genügen, und immer geht es darum, bestimmten fantasierten Erwartungen gerecht zu werden. Die Frage lautet: »Wie sehen mich die anderen, wie wirke ich, was kann ich tun, um Aufmerksamkeit zu erregen?« So macht man sich mit Hilfe der Fantasie sehr abhängig.

Hysteriker versuchen im Kopf ihres Gegenübers die Informationen zu gewinnen, die sie brauchen, um sich in Szene zu setzen. Sie spielen mit ihm, wollen ihn beeindrucken, verführen und sind in der Lage, Emotionen zu wecken. Sie lassen niemanden kalt, auch nicht, wenn sie auf Ablehnung stoßen. Ihnen passiert immer irgendetwas und es wird nie langweilig.

Die Tür zum Unbewussten ist bei ihnen nie ganz geschlossen. Eine Begabung, bestimmte Dinge intuitiv zu erfassen, kann es geben, der siebte Sinn ist eventuell gut ausgebildet. Aber insgesamt nimmt die Fantasie im Alltag zu viel Bedeutung ein. Damit fehlt ihnen der stabile Boden, auf dem man sicher stehen kann.

Der Haupt-Abwehrmechanismus ist die Verdrängung. Unangenehmes, Ängstigendes und Belastendes wird ignoriert und als nicht existent betrachtet. Dadurch wird die Realität unsicher und löst Ängste aus, weil vieles unberechenbar bleibt, zu schwierig und nicht beherrschbar ist. Werden Ängste verdrängt, dann um den Preis, dass sie sich an anderer Stelle verstärkt zu Wort melden:

Als eine Maus durchs Zimmer läuft, gerät Frau K. außer sich, sie schreit, gerät in einen starken Erregungszustand und kann sich kaum beruhigen.

Auch die unrealistische Angst vor engen Räumen, weiten Plätzen, Brücken sowie Höhenängste, Flugängste, Tierängste treten bei Menschen mit hysterischer Struktur häufig auf.

Die Sucht nach Perfektion

Perfektionismus ist eine verbreitete psychische Störung. Bei Hysterikern betrifft er die gesamte Person, etwa in ihrer möglichst makellosen Erscheinung.

Frau G. verbringt jeden Morgen mindestens zwei Stunden vor dem Spiegel, dafür steht sie immer entsprechend früher auf. Nur die äußeren Zwänge bringen sie dazu, ihre Schmink- und Frisiertortur zu beenden.

Die Selbstbeurteilung findet im Kopf statt und kann grausam sein, wenn nie Zufriedenheit einkehrt. Absolute Perfektion ist unmöglich; daher bleibt immer ein Rest, mit dem man unzufrieden sein kann. Auch wenn andere viel weniger von ihnen verlangen, bleiben Hysteriker chronisch unzufrieden mit sich selbst. Sie beklagen kleinlich jede Unregelmäßigkeit und finden immer noch etwas, das zu verbessern wäre. Die gnadenlose Selbstkritik macht unzufrieden, und diese Unzufriedenheit ist der Nährboden für neue, noch höhere Ansprüche. Die Unzufriedenheit mit sich selbst projizieren Hysteriker oft auf andere. Es scheint einfacher, den Frust an Schwächeren abzureagieren.

Hysteriker unterliegen einer starken Suggestibilität, sie sind leicht beeinflussbar und damit Hauptadressaten der Werbung. Immer den neuesten Look haben, immer trendy sein bedeutet, viel für das Äußere zu tun und zu investieren. Viele geraten hier in eine Schuldenfalle, weil sie ihre Bedürfnisse unbedingt befriedigen müssen.

Das Kleiderangebot der Geschäfte hält dem anspruchsvollen Blick kaum stand. Zum Leidwesen vieler Verkäuferinnen dauert die Auswahl viele Stunden, denn man kann sich nicht entscheiden, und wenn das gewählte Kleidungsstück endlich bezahlt ist, wird es eventuell wenig später umgetauscht. Mit Kleidung kann man auch vertuschen, was den eigenen Ansprüchen nicht entspricht.

Die Minderwertigkeitsgefühle beziehen sich nicht nur auf die äußere Erscheinung, sondern auf alle möglichen Bereiche des Lebens. Man fühlt sich nie genügend intelligent (Intelligenzkomplex), nicht ausreichend gebildet, hat nicht den absolut besten Geschmack, ist nicht geschickt genug, nicht besonders schlagfertig. Hysteriker finden in sich selbst nicht genügend Sicherheit, die dann zur Gelassenheit führen könnte. Gerade die Fantasie bereitet die großen Probleme. Die Unfähigkeit, sie selbst zu sein, lässt sie immer wieder in typische Verstrickungen geraten. So wird ein Bild entworfen, das nur aus der Fantasie entstanden ist. Beispielhaft führt die kluge Else dies am Bierfass vor. Das kann man übertragen, auf wichtige Lebensbereiche, die dann entscheidend das Dasein beeinflussen. Was ist mit dem fantasierten Bild, dass die Nase zu groß, der Busen zu klein, die Lippen zu schmal, der Bauch zu dick, die Augen zu klein, die Haare zu dünn, der Hals zu kurz, die Hände zu breit sind, schlicht, dass man selbst wegen dieser Kleinigkeiten zu einer Gestalt verkommt, die völlig unzulänglich ist? Dies ist typisch hysterisch! In der Fantasie baut sich die Katastrophe auf, und sehr leicht entsteht ein Komplex, der Leiden verursacht und das ganze Leben sehr nachteilig beeinflusst.

Die meisten Menschen möchten als Person gefallen, achten auf ihr Äußeres und freuen sich, wenn sie von anderen akzeptiert und beachtet werden. Dieses normale Bedürfnis ist bei Menschen mit einer hysterischen Persönlichkeit übersteigert. Der Blickwinkel verengt sich auf kleine Makel, die eine völlig übertriebene Bedeutung bekommen. Niemand sonst misst dieser Lappalie einen solchen Wert und solche Aufmerksamkeit bei wie der Betroffene selbst. Kleine Unregelmäßigkeiten, Falten, harmlose Hautveränderungen werden ins Visier genommen und belasten das Wohlgefühl enorm. Dieser Vorgang kann sich zu einer starken psychischen Störung ausbilden, der so genannten Körperdysmorphen Störung.

Körperdysmorphe Störungen[6]

Millionen Menschen leiden an dieser Störung und halten sie geheim. Die Zahl der Erkrankten steigt ständig. Einige haben den Mut, über die Dinge zu reden, die sie ständig quälen und belasten.

> Frau K. betrachtet ihr Kinn als zu kantig. Sie fühlt sich deswegen unattraktiv und hässlich. Außenstehende versichern ihr immer wieder, dass sie ein gut geformtes Kinn habe und dass sie keineswegs hässlich sei. Trotz dieser vielfachen Versicherungen glaubt Frau K. niemandem, sondern hält an ihrer Meinung fest.

Typisch für Körperdysmorphe Störungen ist die falsche Selbstwahrnehmung. So empfindet Frau K. ihr Kinn als viel kantiger, als es in Wirklichkeit ist. Die Fantasie hat eine enorme Kraft, die zu *Wahrnehmungsstörungen* führen kann. Frau K. glaubt nur, was sie glauben will, und suggeriert sich diese Überzeugung immer wieder. Ähnliches ist bei Magersüchtigen zu beobachten, die tatsächlich glauben, dick und fett zu sein, obwohl sie objektiv völlig ausgezehrt und mager aussehen. Sie haben eine *Körperschema-Störung* und nehmen ihren Körper verzerrt wahr.

Ein hysterisches Phänomen ist darin zu erkennen, dass die meisten Frauen mit Gewichtsproblemen sich selbst nicht nur als zu dick empfinden, sondern sich grundsätzlich dicker wahrnehmen, als sie in Wirklichkeit sind. Dies bedeutet Selbstabwertung, Verlust von Lebensfreude und Selbstakzeptanz.

Menschen mit einer Körperdysmorphen Störung leiden sehr unter ihrem Aussehen, weil ihre Gedanken täglich lange Zeit um diesen Makel kreisen. Sie verbringen manche Stunde vor dem Spiegel, reden oft über nichts anderes und glauben, dass andere sie ebenfalls als hässlich wahrnehmen, obwohl sie normal aussehen. Sie können nicht vergessen oder die Aufmerksamkeit auf etwas anderes, Konstruktiveres lenken. Natürlich findet der Terror im eigenen Kopf statt. Sie werden das Problem nicht los, es verfolgt sie bis in den Schlaf. Auch der Kontakt zu anderen Menschen wird gestört, weil sie beginnen, sich zu verstecken, und zunehmend ihr Selbstvertrauen verlieren. Sie trauen sich nicht mehr in Gesellschaft oder auf die Straße. Vor allem wird das Selbstgefühl geschädigt. Betroffene beginnen, sich selbst wegen ihrer kleinen Fehler zu hassen, und verlieren Selbstachtung und Selbstliebe. Dieser Selbsthass wird immer stärker und unerträglicher, und das Leben wird zur Qual. Diesen Kranken kann man ihr Problem nicht ausreden, weil sie zwanghaft an ihrer Überzeugung festhalten. Viele Betroffene schämen sich wegen ihrer Sorgen, und so bleibt unendliches psychisches Leid unbehandelt.

Körperdysmorphe Störungen kommen häufiger bei Frauen, aber auch bei Männern vor. Dabei handelt es sich um eine Angststörung, letztlich wieder um die Angst, nicht zu genügen. Diese Angst weist auf tiefere Probleme hin, die mit äußeren Mitteln nicht behoben werden können.

Einer der prominentesten Betroffenen ist Michael Jackson. Unzufrieden mit seiner Nase, ließ er eine Operation nach der anderen über sich ergehen. Das Ergebnis ist erschreckend, denn jetzt kann von einer echten Entstellung die Rede sein. Auch seine psychischen Probleme wurden nicht kleiner, sondern immer größer.

Viele wenden sich an plastische Chirurgen, um vermeintliche Körperfehler loszuwerden. Mit aller Kraft glauben sie daran, dass sie nach der Operation befreit und erlöst seien. Das ist immer ein Irrtum, weil sich auch danach mit Sicherheit kein Ideal einstellen wird. Die Gedanken werden um neue oder weiter um die alten

Makel kreisen. Es handelt sich um ein inneres Problem, das nicht mit äußeren Mitteln, etwa mit einem chirurgischen Eingriff, zu beseitigen ist. Mangelndes Selbstwertgefühl ist nicht operabel. Nicht selten geschieht es, dass der Heilungsprozess der Operationswunde unglücklich verläuft. Die Wunde eitert, nässt, will nicht heilen, sodass mitunter neue Eingriffe erforderlich werden. Wieder ist die Frage berechtigt, ob die Seele, das Unbewusste sich zu Wort meldet?

Plastische Chirurgie ist angemessen, wenn ein Patient durch einen Unfall entstellt wurde. Meist lässt sich der ursprüngliche Zustand nicht wiederherstellen, sodass Betroffene mit einem Rest an äußerer Schädigung leben.

Patienten mit einer Körperdysmorphen Störung sind kaum von ihrem Vorhaben, sich operieren zu lassen, abzubringen, wenn sie sich einmal dafür entschieden haben. Sie setzen Himmel und Hölle in Bewegung, um an ihr Ziel zu kommen. Daher ist es wahrscheinlich, dass sie Ärzte finden, die auch schädliche Eingriffe vornehmen.

Private Kliniken für plastische Chirurgie erleben zurzeit einen Boom. Angeheizt durch die Regenbogenpresse werben sie mit Pauschalangeboten für jedermann. Mehr als 100 000 Männer lassen sich jährlich in Deutschland operieren. Die Zahl der Frauen beträgt ein Vielfaches. Es darf als sicher gelten, dass hier wesentlich mehr psychisches Leid verursacht als beseitigt wird. Bei einigen Patienten entwickelt sich eine regelrechte Sucht nach immer neuen Operationen.

Manchmal sind es Kleinigkeiten, die Außenstehende überhaupt nicht bemerken oder so gar interessant finden. Auch für Letzteres kennen wir ein prominentes Beispiel: das Feuermal auf Michail Gorbatschows Kopfhaut. Viele wollten so sein und aussehen wie er. Was bei anderen Menschen eventuell zu einem Problem mit ihrem Selbstwertgefühl führen könnte, kann auch zum Markenzeichen aufsteigen. Hier liegt die einzig mögliche Lösung des Problems: Körperliche Unregelmäßigkeiten sind Ausdruck der eigenen Individualität. Sie fordern das Selbstbewusstsein heraus und wollen mit Stolz getragen werden. Selbstsichere Menschen leben vor, wie es geht. Sie wirken schön und interessant, weil ihre innere Haltung auf andere ausstrahlt.

Im Alter können sich viele Symptome verschärfen. Der natürliche körperliche Verfall erscheint unerträglich, ist aber trotz aller Anstrengung nicht zu verhindern. Die Fixierung auf Äußerlichkeiten macht aus älteren Hysterikern Karikaturen ewiger Jugendlichkeit. Sie haben immer das Gefühl, etwas verpasst zu haben. Mitunter kann man sogar Wahnhaftes bei ihnen beobachten.

Zur hysterischen Dynamik gehört oft, dass Betroffene sich um ihre körperliche Unversehrtheit sehr bemühen und ängstigen. Sie neigen zur Hypochondrie und haben unrealistische Ängste wegen möglicher Infektionen, dramatisieren körperliche Beschwerden, beschäftigen sich ununterbrochen mit irgendwelchen Körperteilen, etwa dem Herzen, das ständig überwacht wird. Dabei suchen sie verstärkt ärztliche Hilfe. Der eigene Beitrag, etwa in Form gesünderer Lebensweise, kann sehr vernachlässigt oder überbetont werden. Oft sind extreme Verhaltensweisen zu beobachten: exzessives Hungern bis hin zur Magersucht oder Völlerei und Haltlosigkeit.

Hysterie und Kommunikation

Wenn wir den hysterischen Charakter beschreiben, wollen wir nicht aus den Augen verlieren, dass diese Menschen besonders unter ihrem eigenen Wesen leiden, wenn diese Merkmale ausgeprägt sind. Sie lassen andere leiden, insbesondere ihre Familie, und stoßen auf Ablehnung, die sie durchaus registrieren, aber sie sind bemüht, diese wieder mit engagiertem Auftreten wettzumachen. Dies ist auch das Kernproblem der hysterischen Persönlichkeit. Mit Reden, Inszenieren, Dramatisieren und Argumentieren versuchen die Betroffenen, das Defizit wettzumachen. Reden ist »das« Mittel, um Wert und Bedeutung herzustellen.

Oft haben Menschen mit einer hysterischen Persönlichkeitsstruktur eine hohe Stimme. Sie sprechen nur mit dem Kehlkopf. Die Stimme bildet sich normalerweise auch aus dem Bauch, sodass der Rumpf den Resonanzkörper bildet. Dies führt zur Modulation eines tieferen Tons. Die hohe Kopfstimme ist vom Körper abgeschnitten, wirkt daher schrill und aufdringlich. Auch mit besonders lauter Stimme wollen die Hysteriker alles übertönen.

Reden ist bei Hysterikern in vielen Fällen ein Mittel, um sich Erleichterung zu verschaffen, Erleichterung vor allem von der Angst, unbedeutend und wertlos zu sein. Weniger ist dies ein Reden als Austausch von Gedanken, sondern ein Darstellen von irgendetwas. Der Erfindungsreichtum ist unbegrenzt, wenn es darum geht, ein Thema, eine Sensation zu präsentieren. Der innere Druck soll weichen, und Reden ist ein Mittel, ihn abzubauen. Es geht nicht um Dialog, sondern es ist wie bei einem Kind, das randvoll von Erlebnissen der Mutter berichtet, was ihm widerfahren ist. Dabei hat ein Kind das Recht, von der Mutter angehört zu werden. Aber mit der Zeit muss das Kind lernen, dass die Mutter nicht immer und sofort in der Lage oder bereit ist zuzuhören. Es wird lernen müssen, auch die momentanen Bedürfnisse der Mutter anzuerkennen und zu einem beiderseits akzeptierten Austausch zu kommen. Es muss also lernen, die eigenen Impulse, den eigenen Rededrang zu steuern und auf einen Zeitpunkt zu warten, der einen Dialog ermöglicht, weil jemand wirklich zuhören will und sich nicht dazu gezwungen fühlt. Hier liegt bei Kindern die Gefahr des Verstummens, weil sie immer wieder erleben mussten, nicht wichtig genommen zu werden und dass die Eltern keine Zeit zum Zuhören hatten.

Der innere Drang, unbedingt wichtig genommen zu werden, ist bei Hysterikern auch deswegen so ausgeprägt, weil dies bei ihnen als Kind gerade nicht so war. Man wollte sie loswerden, mochte keinen Kontakt zu ihnen haben. So mussten sie viel Energie aufwenden, um überhaupt gehört zu werden. Im Hintergrund steht immer die Angst, Wesentliches nicht gesagt zu haben. Das weitschweifige Reden lässt andere nicht dazwischenkommen.

Die Fähigkeit wahrzunehmen, ob der andere bereit ist zuzuhören, ist bei einer hysterischen Persönlichkeit unterentwickelt. Auch wenn es mitunter gelingen mag, andere zu begeistern oder im Gespräch mitzureißen, bleibt das Defizit. Sie fallen anderen auf die Nerven, haben kein Gespür dafür, wie sie auf andere wirken, fühlen sich im Recht und vor allem: sie fühlen sich klug. Sie steigern sich in ihre Selbstgerechtigkeit hinein, es gilt nur noch ihre eigene kompromisslose Ansicht, und es scheint, dass sie nicht nur andere, sondern vor allem sich selbst von ihrer Ansicht überzeugen wollen. Das Blickfeld verengt sich und es ist sehr schwer, es für andere oder auch realistischere Standpunkte zu erweitern. Vor allem aber werden die Dinge dramatisiert und emotionalisiert.

Nach außen wird ein übersteigertes Selbstwertgefühl sichtbar. Es steht meist in keinem realistischen Verhältnis zu den tatsächlichen Leistungen. Bei vielen Menschen ist ein Mangel an Selbstwertgefühl das Problem; sie fühlen sich klein, unterlegen und gehemmt. Ein übersteigertes Selbstwertgefühl ist ebenso problematisch, weil die Selbstkritik eingeschränkt, die eigene Situation unrealistisch wahrgenommen und insgesamt ein aggressiveres, rücksichtsloseres Verhalten praktiziert wird.

Menschen mit einer hysterischen Persönlichkeit pflegen meistens einen eigenen Kommunikationsstil. Oft sind sie redegewandt und nicht selten Vielredner. Sie brauchen viel Raum und breiten sich mit Vorliebe weitschweifig aus. Man kann sagen, dass sie eine expressionistische Art haben, sich auszudrücken. Die Sprache ist lebhaft, gesteigert, aktiv, bühnenmäßig, lebendig, tragisch, knallig, bunt, bedeutend, übertrieben und dramatisch. Sie wissen sich in Szene zu setzen und versuchen, ihr Gegenüber zu beeindrucken. Meist suchen sie das Zentrum der Aufmerksamkeit. Da sie dies sozusagen lebenslang trainieren, entwickeln sie eine gewisse Erfahrung und Routine. Aber oft gelingt es ihnen nicht zu realisieren, welche Wirkung sie auf andere haben, und die ist allerdings nicht immer positiv. Sie wirken zu laut, aufdringlich, zudringlich in ihrer Art, wichtigtuerisch und vor allem übertrieben. Alles, was sie tun, ist klug, und was sie sagen, ist ebenfalls klug. Aus dieser Haltung heraus agieren Menschen mit einer hysterischen Persönlichkeitsstruktur. Sie fühlen sich immer im Recht, weil sie nicht Unrecht haben können. Sie sind es gewohnt, ihre Meinung mit Wucht zu vertreten, und erwarten daher Zustimmung. Weniger aktive Menschen weichen lieber zurück und gehen der Konfrontation aus dem Weg, denn leicht kann es zu einem eskalierenden Streit kommen.

Hinter der nach außen so effektvollen Fassade finden wir meist eine selbstunsichere Persönlichkeit, die verzweifelt bemüht ist, Sicherheit zu finden und ihre innere Leere zu füllen. Sie versucht es mit Hilfe ihres Selbstausdrucks, indem sie sich darüber beruhigt, dass sie sich in Szene setzt und andere zu überzeugen sucht. Dabei ist sie in erster Linie bemüht, sich selbst zu überzeugen. Es geht um tiefe Selbstzweifel, die Angst, nicht zu genügen, nicht ausreichend klug zu sein, zu wenig beachtet zu werden, nicht schön genug zu sein. Das Problem ist innere Angst, sie verleitet den Menschen zum hysterischen Agieren. Diese Ängste also werden überspielt und verdrängt, sodass sie scheinbar nicht mehr vorhanden sind.

Die Wirkung von Menschen mit einer hysterischen Persönlichkeitsstörung auf andere ist wie gesagt nicht immer positiv. Man fragt sich, warum sie trotz mitunter deutlich ablehnender Reaktionen an ihrem Verhalten festhalten müssen. Hier sollte man verstehen, dass es für sie zu ihrem Verhalten zunächst keine Alternative zu geben scheint. Zwanghaft greifen sie immer wieder zu den gleichen untauglichen Mitteln. Leicht entsteht hier ein Teufelskreis:

Der Versuch, beachtet zu werden, bleibt ohne Erfolg oder wird negativ bewertet. Dies führt zu verstärkten Bemühungen und Anstrengungen um Bewunderung, Anerkennung und Achtung. Das typische Hineinsteigern ist zu beobachten. Die Verstärkung erfolgt eventuell dadurch, dass andere nachgeben, indem sie so tun als ob. Sie liefern Bestätigung nach dem Motto: Hauptsache, ich habe meine Ruhe!

Menschen mit einer hysterischen Persönlichkeitsstörung können sehr anstrengend sein. Deshalb ist es verständlich, dass man sie loswerden will. Hinter all dem Theater ist die Angst vor Zurückweisung kaum noch zu erkennen. Tatsächlich ist sie da und wird kontinuierlich dadurch verstärkt, dass die Betroffenen immer wieder Zurückweisung erleben. Sie befinden sich in einem Teufelskreis, den sie zunächst selbst durchschauen müssten, denn ihr Repertoire ist umfassend:

Ausreden, Themenwechsel, Halbwahrheiten, Vorwände, Ausflüchte, Lügen, Beschönigungen, Scheingründe, Winkelzüge, Umgehungen, Notlügen, Vernebeln, Deckmäntelchen, Spitzfindigkeiten, Entschuldigungen, Hintertüren, Gemeinheiten, Überlistungen, Heucheleien, Erdichtungen, Verdrehungen, Einmal-ist-keinmal, Vorspiegelungen, Täuschungen gehören zur Klaviatur, auf der hysterisch Strukturierte zu spielen wissen. Sie lassen sich schlecht widerlegen, denn immer haben sie die besseren Ausreden.

Die nach außen demonstrierte Dominanz dieser Menschen hat einen brüchigen Kern. Sie sind darauf angewiesen, dass sich die Dinge nach ihren Wünschen entwickeln. Da dies aber in der Realität nicht immer der Fall ist, werden sie unzufrieden, verfügen jedoch nur über eine ungenügende Frustrationstoleranz und können sich somit schlecht mit Dingen abfinden, die sie nicht ändern können. Sie leben in der permanenten Angst, zu kurz zu kommen, und sind neidisch auf die, denen es scheinbar besser geht. In der Fachsprache nennt man dies eine orale Problematik.

In der oralen Phase der menschlichen Entwicklung befindet sich der Säugling, der hauptsächlich durch die Zufuhr von Nahrung, durch Saugen Befriedigung und Lust erfährt. Während dieser Phase benötigt er unbedingte Zuwendung, Liebe und Hautkontakt. Werden diese Grundbedürfnisse nicht befriedigt, entsteht nach psychoanalytischem Verständnis ein überstarker Hunger nach Liebe und Zuneigung, der nicht gestillt wird. Dieser Hunger drückt sich später meist in dem Gefühl aus, zu kurz zu kommen oder benachteiligt zu sein. Menschen mit einer oralen Problematik bleiben auf diese Themen fixiert, ihr Selbstgefühl wird davon maßgeblich beeinflusst.

Menschen mit hysterischer Persönlichkeitsstörung setzen gespielte Hilflosigkeit ein, um andere zum Handeln zu bewegen. Sie spielen das Kind, um andere etwa dazu zu bringen, sich ihnen zuzuwenden. Sie stellen sich umständlich und hilflos an, um in Kontakt zu kommen. Sie geben sich unwissend und unbedarft, um Unterstützung zu erfahren. Sie wirken niedlich und zart oder auch schmollend und gekränkt, um andere auf sich aufmerksam zu machen. Diese Verhaltensweisen finden wir sowohl bei Männern als auch bei Frauen.

Die gestörte Kommunikation hat unweigerlich Folgen für den Kontakt mit anderen. Das Problem vieler Hysteriker ist die Annahme, dass man ihnen sowieso nicht glaubt. Die ständigen Inszenierungen wirken auf andere Menschen wenig überzeugend. Sie sind skeptisch und vorsichtig. Die folgende Äußerung einer Patientin in stationärer Therapie spiegelt das Dilemma: *»Nachdem ich immer Hosen getragen hatte, erschien ich gestern in einem Rock. Da hörte ich, wie sie auf der Treppe tuschelten: Jetzt versucht sie es also damit.«* Es ist anzunehmen, dass die Patientin bereits viele gegen sich aufgebracht hat und es schwer haben wird, eine vertrauensvolle Beziehung zu ihren Mitpatienten aufzubauen. Sie fühlt sich verfolgt und kann die eigenen Anteile an der Kommunikationsstörung zunächst nicht erkennen.

Die männliche Hysterie

Eine typisch männliche Form der Hysterie gibt es nicht, sondern das Typische ist auch hier wieder das Bunte, Vielfältige. Da in der ferneren Vergangenheit die Ursache der Hysterie in der Gebärmutter gesehen wurde, die durch den Körper wandere, konnte folglich ein Mann nicht daran erkranken. In erster Linie wird die

Diagnose auch bei Frauen gestellt. Nur ein verschwindend geringer Prozentsatz psychisch kranker Männer bekommt die Diagnose »Hysterische Persönlichkeitsstörung« oder wird mit hysterischen Verhaltensweisen in Verbindung gebracht. Ein Grund liegt sicherlich darin, dass früher Ärzte fast ausschließlich Männer waren. Einem Mann zu sagen, dass er hysterisch sei, bedeutet, dass man ihm mitteilt, dass er kein Mann ist. Und wenn ein Mann das zu einem anderen sagt, läuft er Gefahr, dass ihm dasselbe gesagt wird.

Die Hysterie, die wie ein Chamäleon ihre Gestalt verändert und sich den kulturellen Bedingungen anpasst, kann auch als Instrument des Geschlechterkampfes verstanden werden, insofern sie als diffamierendes Etikett missbraucht wird. Tatsächlich sind hysterische Symptome oft die Antwort auf Unterdrückung und Zurückweisung.

Die Hysterie repräsentierte und repräsentiert immer noch auch das, was an Bedrohlichem Frauen unbewusst zugeschrieben wurde. Sie galten als unberechenbar, schwach, launisch, zickig und nicht objektiv. Daher sollten sie auch von wichtigen Ämtern ferngehalten werden.

Natürlich erleben sich auch Männer unterdrückt und reagieren mit hysterischen Symptomen. In erster Linie ist hier die zu enge Bindung an die Mutter zu nennen, die immer noch in das Leben hineinregiert und von der man sich nicht lösen kann. Aber auch der dominante Vater, der extreme Erwartungen an seinen Sohn hat, gehört mit in dieses Bild. Meistens findet sich beides: die verwöhnende, aber anklammernde Mutter und der fordernde und dominante Vater. Die Symptome sind dann als indirekter Protest auf die Unterdrückung zu verstehen. Da sich der hysterische Mann außerstande sieht, sich direkt zu wehren, muss er es mit Hilfe von Symptomen tun.

Die Angst vor Zurückweisung ist auch bei hysterischen Männern groß und hat ihre Wurzeln in der Kindheit, wie folgendes Fallbeispiel zeigt:

Herr L. war vier Jahre alt, als seine Eltern sich trennten. Bis dahin hatte er eine enge Beziehung zu seiner Mutter gehabt. Als er einen Stiefvater bekam, reagierte er mit großer Eifersucht, weil seine Mutter sich nicht mehr ausschließlich ihm zuwandte, sondern den neuen Partner vorzog. Die Eifersucht verstärkte sich, als er einen Halbbruder bekam, der vom Stiefvater favorisiert wurde. Herr L. fühlte sich zurückgewiesen und begann, seine leiblichen Eltern gegeneinander auszuspielen. Er erzählte Lügengeschichten über die Mutter, wenn er zu Besuch bei seinem Vater war, um diese in einem schlechten Licht erscheinen zu lassen, und umgekehrt. Meistens hatte er Erfolg mit seinen Darstellungen.

Als Erwachsener suchte er enge, anklammernde Beziehungen zu Partnerinnen und lebte in der ständigen Angst, verlassen zu werden. Insbesondere entwickelte er eine wahnhafte Eifersucht, die mehrfach zur Trennung führte. Herr L. erfand immer wieder grandiose Lügengeschichten, die meist wie Kartenhäuser zusammenbrachen. Während der Therapie meinte er, dass er eigentlich nie Anlass gehabt habe zu lügen, eine unerklärliche Dynamik ihn jedoch dazu brachte, dies immer wieder zu tun, obwohl er genau wusste, dass alles herauskommen würde.

Offenkundig werden typisch hysterische Verhaltensweisen manchmal bei homosexuellen Männern: künstliche, aufdringliche Sprache, Fixierung auf Äußerlichkeiten, Tendenz zu theatralischem Gehabe, Sexualisierung der Kommunikation. Aber dies allein macht die männliche Hysterie noch längst nicht aus. Der französische Psychoanalytiker Israel formuliert: »*... die hysterischen Männer sind versteckt. In dem besten Versteck, das es bei einem Arzt geben kann, nämlich hinter einer anderen Diagnose.*«[7] Nur mit wenigen Variationen zeigen sich hysterische Symptome bei Männern in gleicher Weise wie bei Frauen: Schwindelanfälle, Übelkeit, Kopfschmerzen, Zittern, Lähmungen, Taubheitsgefühle, Stummheit, Störungen der Sinnesorgane (nicht schmecken, nicht riechen, nicht sehen, nicht hören, nicht fühlen können).

Ähnlich wie die hysterische Frau ist auch der hysterische Mann auf sein Äußeres fixiert. Er will gefallen, er will allen gefallen und von allen geliebt werden. Er lebt ständig in der Sorge, wie er auf andere wirkt, und sein Anspruch an sich selbst ist umfassend. Die Folge sind starke Selbstzweifel, Minderwertigkeitsgefühle und Komplexe, die vor dem Hintergrund von Perfektionismus entstehen müssen, denn natürlich ist er nie gut genug. Auch er fühlt sich nie schön genug, klug genug, erfolgreich genug usw.

Herr K. will allen Menschen gefallen, will es allen recht machen. Er neigt zu starken Gefühlsschwankungen, fühlt sich innerlich labil und hat Angst zu versagen. Die Neigung zur Dramatisierung ist auffällig und er gerät oft in Grübelzwänge. Die Gedanken geraten in regelrechte Teufelskreise, die er nicht mehr stoppen kann. Der psychische Apparat ist häufig überlastet, Herr K. kommt nicht zur Ruhe, nicht zur Erholung. Er lebt im Dauerstress. Mitunter reagiert er kopflos und neigt zu spontanen Handlungen, die er anschließend bereut.

Schon als kleiner Junge, so erinnert sich Herr K., litt er unter dem Schweigen des Vaters, wenn dieser mit seinen Leistungen nicht zufrieden war. Als sensibles Kind bemühte er sich nach besten Kräften, es dem Vater recht zu machen. Schlechte Noten in der Schule etwa bedeuteten immer, mit dem schweigenden Vater konfrontiert zu sein; dies war ihm unerträglich. Er bemerkte, dass der Vater ihn zu seinem Ebenbild machen wollte, daher passte er sich dessen Erwartungen möglichst an. Herr K. lernte früh, eigene Impulse und Wünsche zu unterdrücken, er versuchte, seine Rolle perfekt zu spielen.

Immer lebte er in dem Gefühl, dass andere ihn erziehen wollten. Dies galt für seine Ehefrau ebenso wie für Vorgesetzte oder Arbeitskollegen. Zu seinem meist überangepassten Verhalten schienen die extremen Ausrutscher nicht zu passen, dass er mitunter verrückte Dinge tat, sich z. B. betrank und tagelang verschollen war oder mit einem Wutanfall aus nichtigem Anlass die Harmonie gründlich verdarb. Anschließend war Herr K. immer zerknirscht und bemühte sich, die Wogen zu glätten. Auch für sich selbst war er unberechenbar, denn er befürchtete erneute Kontrollverluste.

Auch der hysterische Mann will eigentlich immer alles; deshalb hat er Schwierigkeiten, sich zu entscheiden. Sich für etwas zu entscheiden bedeutet oft, sich gegen etwas anderes zu entscheiden. Das andere könnte aber vielleicht besser für ihn sein? Am liebsten möchte man sich immer ein Hintertürchen offen halten. Auch in der Partnerwahl erscheint die Frau des anderen immer besser, und mitunter befindet man sich zwischen den Stühlen, wenn man gleichzeitig mit mehreren liiert ist.

Unzufriedenheit ist ein Dauerzustand, der nicht so leicht aufzulösen ist. Trotz mitunter guter Begabungen ist der Lebensweg dieser Menschen manchmal von Misserfolgen geprägt. Es mangelt an Konsequenz, Durchsetzungsvermögen und Konzentration auf das Wesentliche. Ständige Selbstzweifel, Zaudern, die Unfähigkeit, sich klar für einen bestimmten Weg und ein Ziel einzusetzen, führen zum Scheitern. Selbstvertrauen ist schwach ausgeprägt und wird durch Misserfolge noch schwächer. Auch hier ist ein Teufelskreis zu beobachten, der unbehandelt in eine Depression führt, in die hysterische Depression.

Auch bei Männern ist die Furcht vor organischen Krankheiten häufig anzutreffen, besonders ist hier das Herz betroffen. Die »Herzneurose« ist ein klassisches hysterisches Symptom:

Herr K. litt seit vielen Jahren unter einer Herzphobie. Er beobachtete sein Herz ständig und registrierte jede Reaktion. Er fühlte sich nur einigermaßen sicher, wenn ein Krankenhaus in der Nähe war. Immer wieder steigerte er sich in panische Ängste vor einem Herzinfarkt und ließ sich in diesen Situationen ins Krankenhaus einweisen. Die Ärzte konnten keinerlei organische Veränderungen feststellen. Immer wieder wurde eine aufwendige Diagnostik vorgenommen, die aber den Patienten nicht beruhigte. Schließlich gelang es Herrn K. sogar, eine Herzkatheter-Untersuchung durchzusetzen, die eigentlich vollkommen überflüssig war. Da sich auch hier keinerlei Anzeichen einer Störung der Herzfunktionen zeigten, reiste Herr K. ins Ausland in ein weltberühmtes Herzzentrum, um auf eigene Kosten, wie er glaubte, letzte Sicherheit zu bekommen. Aber auch hier konnte man ihm nur bestätigen, dass sein Herz in Ordnung sei.

Als Kind wurde Herr K. zunächst von der Großmutter, später von seiner Mutter besonders verwöhnt. Ausdruck fand dies in einem ansprüchlichen, egoistischen Verhalten, das sich auch in der therapeutischen Gemeinschaft abbildete. Leicht glaubte er, etwa im Vergleich zu anderen Patienten, zu kurz zu kommen. Schnell fühlte er sich in seiner Ehre verletzt, wenn er im Rahmen der therapeutischen Gemeinschaft Aufgaben erledigen sollte, die nicht seinem Niveau entsprachen. In solchen Fällen suchte er den Arzt auf, bei dem er körperliche Beschwerden vorschob, um sich vor unangenehmen Arbeiten zu drücken. Wenn etwas nicht seinen hohen Erwartungen entsprach, drohte er damit, die Behandlung abzubrechen. Offensiv beklagte er, dass die Therapeuten ihn mit all seinen Problemen nicht genügend ernst nähmen.

Herr K. wirkte leidend und zerbrechlich. Seine Tragödie spiegelte sich in seinem Gesichtsausdruck – dabei wirkte alles übertrieben und wenig echt.

Bald reagierten die Mitpatienten negativ auf Herrn K. Sie konfrontierten ihn mit seinem Fehlverhalten. Dies führte zu heftigen Reaktionen und dramatischen Auftritten. Herr K.

beschimpfte die Gruppenmitglieder und machte sie für das Ausbleiben von therapeutischen Fortschritten verantwortlich. Weiterhin verwandte er viel Energie darauf, das Fehlverhalten der anderen ausfindig zu machen und dieses anzuprangern.

Er wechselte sein Verhalten wie ein Chamäleon die Farbe: Mal war er anklagend und sich verteidigend, dann wieder unterwürfig, kleinkindhaft und bedürftig und schließlich überlegen und durch nichts zu erschüttern.

Bald entwickelte er neue Symptome: Seine Hand schmerzte, als er während der Arbeitstherapie eine Arbeitserprobung durchführen sollte. Eine komplizierte Diagnostik wurde veranlasst, wobei Ärzte keine wirkliche Ursache finden konnten. Die Schmerzen wurden immer stärker, und zusätzlich klagte Herr K. über Schmerzen im Brustkorb. Auch hier wurden keine körperlichen Ursachen gefunden. Die Behandlung mit Schmerzmitteln brachte kaum Linderung. Dem Patienten ging es immer schlechter, und er forderte energisch ärztliche Hilfe.

Der Verdacht, dass es sich um Konversionssymptome handelte, lag nahe. Herrn K. wurde diese Vermutung mitgeteilt. Ihm wurde erklärt, es geschehe sehr oft, dass seelischer Schmerz in den Körper wandert und sich dort auf unübersehbare Weise bemerkbar macht.

Herr K. verstand sein Problem sehr bald. Er war voll Trauer und Wut, über sich und sein Leben. Beruflich war er weit hinter seinen eigenen Erwartungen zurückgeblieben. Er hatte seine vielfältigen Begabungen nicht genutzt. Zusätzlich bedrückten ihn Todesfälle in der Familie. Er fand keine Möglichkeit der Entlastung. Seine Flucht in die Krankheit war für ihn der einzig mögliche Weg, sich scheinbare Erleichterung zu verschaffen – er flüchtete vor der Verantwortung.

Herr K. versuchte, sich an die Umstände zu erinnern, als seine Herzbeschwerden erstmals auftraten: »Ich weiß, was

> mir das Herz gebrochen hat – ich musste meine Frau heiraten, weil meine Familie dies so wollte – ich habe es gegen meinen Willen getan.«
> Der innere Konflikt war Herrn K. bewusst, er sah sich jedoch außerstande, ihn zu lösen. Er blieb in der Opferrolle und entwickelte immer neue Symptome. Da er krank war, konnte er nicht mit unangenehmen Wahrheiten konfrontiert werden. Die Krankheiten schützten ihn auch vor Schuldgefühlen.

Die Auseinandersetzung mit männlicher Hysterie zeigt im Wesentlichen, dass sie wenig anders als die weibliche Form ist. Der größte Unterschied besteht wohl in einer besseren Tarnung beim hysterischen Mann. Tatsächlich entwickeln Frauen eher eine hysterische und Männer häufiger eine narzisstische Persönlichkeitsstruktur.

Hysterie und Partnerschaft

Die Kunst, glücklich zu sein, besteht in erster Linie darin,
sich an den Möglichkeiten und Dingen zu erfreuen, die man hat.

Menschen mit hysterischer Persönlichkeitsstruktur sind mit ihrer extravertierten Orientierung meist mit vielen Menschen in Kontakt. Sie flirten gern und wechseln eventuell häufig die Partner. Die Beziehungen bleiben allerdings vorwiegend oberflächlich. Männer sind oft Frauenhelden und Frauen regelrechte Männerverschleißerinnen. Das andere Geschlecht ist vorwiegend eine Möglichkeit, das eigene Selbstwertgefühl aufzupolieren. Das Leben ist Spiel, Theater, und auf der Bühne des Sexappeals gilt es, besonders viel Applaus zu ernten. Dass sich jeder Mensch bemüht, einen positiven Eindruck auf andere zu machen, ist ebenso natürlich wie auch die Freude darüber, von anderen als attraktiv wahrgenommen zu werden. Auffällig sexy Kleidung spiegelt jedoch das unbedingte Bedürfnis, um jeden Preis aufzufallen.

Eine typische Variante des hysterischen Spiels ist die Sexualisierung von Beziehungen. Zum Beispiel sendet eine Frau eindeutige, meist übertriebene erotische Signale und lockt Partner an. Nehmen diese jedoch die Signale ernst, werden sie empört zurückgewiesen. Das Spiel hat zwei Ziele. Einerseits fühlt sie sich als Frau aufgewertet, andererseits kann sie sich selbst demonstrieren, dass sie sittsam und nicht verführbar ist. Sie spielt die große Unschuldige. Das Spiel dient dazu, das eigene Selbstwertgefühl aufzubauen. Ein kurzer Rausch, die Verehrung wird wie ein Triumph gefeiert, führt jedoch nicht aus der inneren Leere und Unzufriedenheit. Man weiß ja, dass man mit den Gefühlen anderer spielt. Diese Schuldgefühle werden jedoch verdrängt oder wegrationalisiert, etwa: *»Er hat es nicht anders verdient, er weiß ja, dass ich verheiratet bin.«* Aus der Distanz ist zu erkennen, dass mit diesem Spiel das Problem des mangelnden Selbstwerts nicht zu lösen ist. Verschiedentlich ist zu beobachten, dass dieses Verhalten einen suchtartigen Charakter annimmt, also immer wieder eingesetzt wird.

Die Überbetonung von Äußerlichkeiten steht auch bei der Partnerwahl meist im Vordergrund. Ist der Partner vermögend – verspricht er ein bequemes Leben? Kann man andere mit seiner glänzenden Erscheinung neidisch machen? Der Charakter spielt eher eine untergeordnete Rolle.

Auch zum Thema Partnerwahl sagt das Märchen Entscheidendes. Hans ist auf der Suche nach einer klugen Frau. Sie soll etwas Besonderes sein, eine dumme will er nicht. Aber genau eine solche wird er schließlich bekommen. Ein Einzelfall? – Kaum. Ironie des Schicksals? – Schon eher. Hans ist bereit, weite Wege zu gehen, um eine kluge Partnerin zu bekommen. Gerade der Anspruch des Besonderen wird oft zum Verhängnis. Der Dichter Rainer Maria Rilke formuliert: *»Denn das Schöne ist nichts als des Schrecklichen Anfang.«* Der Beginn einer Beziehung wird als berauschend und beglückend erlebt, bis die Ernüchterung einsetzt, und diese wird sich im Zusammenleben mit einem Partner, der an einer hysterischen Persönlichkeitsstörung leidet, mit brutaler Härte einstellen. Auch im Märchen dauert es eine Weile, bis die Schwierigkeiten beginnen.

Wenn Hans später sagt: »*Mehr ist für meinen Haushalt nicht nötig*«, dann darf dies vielleicht folgendermaßen übersetzt werden: Sein Haushalt ist seine Persönlichkeit, und da sucht er etwas, das zu seinem Haushalt passt, etwas, das ihm fehlt. Nimmt man jetzt fehlende Klugheit als eine Möglichkeit des Mangels, geht es in vielen Fällen um fehlende Schönheit. Ein Mann, der selbst mit seinem Äußeren nicht besonders zufrieden ist, sucht mit großem Nachdruck eine schöne Frau, um seinen Mangel zu kompensieren. Die Folge wird sein, dass er oft in Angst lebt, sie an attraktivere Partner zu verlieren. Bewusst, oft jedoch unbewusst suchen Menschen einen Partner, der ihr eigenes Defizit kompensieren soll.

Dieses Defizit kann sehr versteckt sein. Wenn ein Mann sich mit einer besonders schönen Partnerin schmücken will, lenkt er seinen Blick auf Äußerlichkeiten, auf den schönen Körper oder exklusive Kleidung. Insbesondere narzisstisch strukturierte Menschen suchen die ideale Liebe, den perfekten Körper, den alles überragenden Sex. Sie selbst fühlen sich oft kalt und von ihren Gefühlen abgeschnitten. Die starken Emotionen, die sie beim hysterisch strukturierten Partner beobachten, beeindrucken sie, weil sie diese bei sich selbst vermissen. Sie bewundern die scheinbare Gefühlstiefe und werden magisch angezogen von einer Person, die alles zu haben scheint, was sie bei sich selbst vermissen. Genau nach diesem Prinzip, dem Schlüssel-Schloss-Prinzip, pflegen Partnerbeziehungen zu entstehen.

Auffällig viele Ärzte haben hysterische Partnerinnen. Der Beruf des Arztes genießt gesellschaftlich immer noch hohes Ansehen und bot zumindest in der Vergangenheit auch überdurchschnittliches Einkommen und Wohlstand. Für die Hysterikerin scheint der Arzt daher eine gute Wahl zu sein. Andere

Beweggründe sind wahrscheinlich noch wesentlicher. Gemeint sind die innere Angst und Unsicherheit, die Hysterikerinnen nach einem Partner suchen lassen, der Stärke und Sicherheit ausstrahlt. Bei einem Arzt kann man sich sicher fühlen, zumal er die körperliche Gesundheit überwacht und damit einer ewigen Sorge, es könnte etwas Schlimmes passieren, etwa eine Krankheit ausbrechen, entgegenwirkt.

Vor allem muss der Partner perfekt sein und alle möglichen Bedingungen erfüllen. Hysterische Menschen träumen von der idealen Partnerschaft, die es natürlich nicht gibt. Hier spielt die Fantasie, wie an vielen anderen Stellen auch, eine dominante Rolle und wird zum Verhängnis. Völlig unrealistische Erwartungen und Vorstellungen sind zu beobachten. In der Therapie spricht eine Frau immer wieder von ihrem Liebhaber; dabei stellt sich heraus, dass sie ihn nur einmal kurz gesehen hat und die Beziehung eigentlich noch beginnen müsste.

Solange die Liebe nur in der Fantasie existiert, ist sie sicher, denn man behält die Hoffnung, und niemand kann sie zerstören. In einem Liedtext heißt es: *»Jener, der nie kommen wird und auf den ich warte, wie sehr hätte ich ihn lieben können …«* So bleibt Liebe unzerstörbar sicher, natürlich mit dem großen Nachteil, dass sie unerfüllt bleiben wird.

Die Partnerwahl ist denn auch oft eine Qual, wie auch die Wahl eines Kleidungsstücks mit dem Bewältigen vieler Zweifel einhergeht. Hysteriker können sich generell schlecht entscheiden. Ist es der/die Richtige? Wird er/sie mich glücklich machen? Fragen über Fragen, auf die es keine wirkliche Antwort zu geben scheint, denn wer wird sich denn als würdig erweisen? Meist wird ein Partner oder eine Partnerin gesucht, der/die den gegengeschlechtliche Elternteil ersetzen soll. Nach langem Hin und Her kommt es mitunter zu einer Wahl, die niemand so recht versteht, aber man muss sich ja irgendwann entscheiden.

Hysteriker, die in einer Partnerschaft leben, geben oft unumwunden preis, dass sie den Partner natürlich nicht lieben. Sie haben alle möglichen Argumente, warum sie in der Beziehung bleiben: Weil man die Trennung den Kindern nicht antun kann, weil es die bequemste Lösung für alle ist, man nicht so viel Wert auf Liebe legt; die meisten lieben ihren Partner ja sowieso nicht; außerdem dauert es nur noch eine kurze Zeit, dann wird man sich sowieso trennen …

Die Suche nach dem perfekten Partner muss zwangsläufig zu Enttäuschungen führen, weil es ihn nicht gibt. Trotzdem soll er den unersättlichen Hunger stillen. Nur: Er bleibt Mittelmaß, wenn es etwa darum geht, zu den obersten gesellschaftlichen Kreisen zu gehören, und sexuell ebenso: »*Mein Mann kann mir keine wirkliche Befriedigung verschaffen.*« Oder: »*Gleich als ich ihn heiratete, wusste ich, dass ich nicht zufrieden mit ihm werde.*« Immer bleibt der Partner eine Enttäuschung, und so ist es legitim, sich dafür zu rächen. Man kann sein Geld verschleudern, seinen Ruf beschädigen, fremdgehen, ihm ein Kind andrehen, die Sexualität verweigern.

Das Zusammenleben mit einem Hysteriker wird nie langweilig, es ist immer etwas los, oft allerdings dreht sich alles um irgendwelche Symptome. Nicht selten stellt sich die Frage, warum Partner zusammenbleiben – bei all diesem Theater. Aber was wäre denn ohne den Hysteriker? Langeweile ist schlimmer als ständige Aufregung!

Das Problem in der Partnerschaft besteht in den falschen Erwartungen an die Liebe, an Beziehung und Ehe. *Der Partner soll es richten*, so die immerwährende, fordernde Haltung und man ist enttäuscht, dass es nicht perfekt ist oder perfekt funktioniert.

Im Märchen *Von dem Fischer un syner Fru* wird die Problematik inszeniert: Der tüchtige Fischer ist arm, aber bescheiden. Er fängt einen Fisch, der sprechen kann und behauptet, ein verwunschener Prinz zu sein. Der Fischer lässt ihn ins Wasser zurück, nur weil der Fisch ihn darum bittet. Seine Frau ist aus anderem Holz, sie erwartet die Erfüllung ihrer Wünsche, die immer maßloser werden. Zunächst wünscht sie sich ein schönes Haus, danach ein Schloss, dann will sie Königin, Kaiserin, Papst und schließlich der liebe Gott persönlich werden. Der letzte Wunsch bringt sie jedoch wieder dahin, wo sie hergekommen ist, wie es im Märchen heißt: in den »Pissputt«. Der Fischer ist wehrlos gegenüber den Forderungen seiner Frau. Sie lässt ihm keine Ruhe, bis er tut, was sie verlangt, aber sie wird dadurch nicht zufriedener, sondern immer maßloser in ihren Forderungen. Hier spiegelt sich ein Grundkonflikt, der sich in der Beziehung mit einem Hysteriker immer wieder einstellt: Die ständige Lebensunzufriedenheit, die im Hysteriker wohnt, soll der Partner beheben. Das ist unmöglich und führt zu Kalamitäten.

Ein innerer Konflikt (ein Minderwertigkeitsgefühl, die Angst vor Zurückweisung) soll mit äußeren Mitteln (mit Reichtum, Erfolg) behoben werden. Auch wenn es zunächst den Anschein hat, dass es funktioniert, ist alle Mühe vergeblich, denn die Folge ist: Maßlosigkeit, Kontrollverlust, Sucht. Bildlich ausgedrückt: Das innere Loch ist nicht zu füllen. Je mehr man hineinfüllt, desto größer wird es. Wir erkennen hier eine Gier, die in vielen Menschen existiert. Oft entsteht dieses Problem aus einem tiefen Neidgefühl während der Kindheit. Man fühlte sich zu kurz gekommen, weniger geliebt als andere, vernachlässigt oder sonstwie ungerecht behandelt.

Denkt man weiter über das Märchen *Von dem Fischer un syner Fru* nach, dann fällt auf, dass es um einen Fisch geht, der besondere Fähigkeiten hat. Tiefenpsychologisch gedeutet verkörpert der Fisch das männliche Glied. Naturgemäß fehlt dieses der Frau, weshalb sie eventuell eifersüchtig auf den Mann sein könnte. Freud behauptete, dass der Penisneid der innere hysterische Konflikt sei. Tatsächlich kommt dieser Konflikt in der Realität vor. Viel häufiger ist eine allgemeine Eifersucht zu beobachten, die sich auf Männer bezieht. Oft geht es nicht darum, lieber ein Mann zu sein, was bedeuten würde, die weibliche Rolle abzulehnen (dies gibt es auch), sondern um den Glauben, dass es Männer grundsätzlich besser hätten, dass sie vor allem wichtiger seien. Mädchen erlebten, dass ihre Eltern den Bruder wichtiger nahmen, ihn bevorzugten, mehr schätzten und verwöhnten. Das extreme Bedürfnis nach *Wichtigsein*, das man bei vielen Hysterikern beiderlei Geschlechts beobachtet, hat vielleicht hier seine Wurzeln. Sie kämpfen einen Kampf, den sie so nur verlieren können. Dies wird weiter unten ausgeführt, wenn es um die Heilung geht.

Die Frau, die von ihrem Partner erwartet, dass er ihre inneren Konflikte, ihre innere Unzufriedenheit behebt, und ständig diese Forderungen erhebt, ist sich der unrealistischen Erwartungen meist nicht bewusst. Die innere Unzufriedenheit bleibt rätselhaft, die Ursache ist verdrängt. Man erkennt die Triebfeder nicht, die von innen belastet und quält. Jedenfalls liegt das Problem tiefer und reicht meist in die Kindheit zurück. Es kann sein, dass Bedürfnisse nach Zuneigung und Kontakt nicht befriedigt wurden, dass Kränkungen und Zurückweisungen tiefe Wunden hinterlassen haben, die nicht heilen wollen.

> Frau W. klagt über schnell wechselnde Symptome. Sie beschreibt ihre Stimmungen und sagt: »Manchmal kann ich mich den ganzen Tag über eine Kleinigkeit freuen. Ich kaufe mir z. B. einen bunten Bleistift. Ich freue mich wirklich nur über diese Bagatelle, und meine Laune ist top. Natürlich kann ich über Kleinigkeiten sehr traurig sein. Dann habe ich die Kontrolle über meine Gefühle verloren und schaffe es nicht, aus dem Keller meiner Traurigkeit zu kommen. Meinungsverschiedenheiten mit meinem Partner geraten leicht zu lang andauerndem Streit, wobei die Anlässe in keinem Verhältnis zum Ausmaß der Streitigkeiten stehen. Ich weiß, dass ich die Dinge aufbausche und leicht die Kontrolle über meinen Ärger verliere.«

Eigentlich versucht Frau W. ihre innere Unzufriedenheit zu überwinden. Dies gelingt nicht wirklich damit, dass sie sich einen bunten Bleistift kauft, aber auch nicht damit, dass sie ihren Mann für ihre Unzufriedenheit verantwortlich macht.

Gegensätze ziehen sich an – Hysteriker und Narzissten

Nach dem Muster, dass Gegensätze sich anziehen, kommt es häufig zu Verbindungen zwischen einem hysterischen und einem narzisstischen Partner. Diese Paarbeziehungen werden wie gesagt nach dem Schlüssel-Schloss-Prinzip eingegangen. Was der eine bei sich selbst vermisst, versucht er beim Partner zu finden. Der narzisstisch strukturierte Mann sucht mit Vorliebe eine hysterische Frau. Diese sollte im Idealfall schön sein, damit er sich mit ihr schmücken kann, und damit versucht er, sein nach außen so grandioses, innerlich eher schwaches Selbstwertgefühl zu steigern. Er fühlt sich von der scheinbaren Gefühlstiefe angezogen, weil sie ihm fehlt. Er selbst fühlt sich innerlich kalt, leer und unlebendig. Beide suchen Bewunderung: Hysteriker für ihre Schönheit, Narzissten für ihre Macht und Überlegenheit. Die Hysterikerin will verwöhnt werden und fordert Liebesbeweise in Form von Geschenken. Sie fühlt sich von der scheinbaren emotionalen Stabilität des Narzissten angezogen, weil ihr diese fehlt. Sie sucht den starken Mann, der ihr Sicherheit geben soll. Da sich die ideale Partnerschaft schnell als Illusion entpuppt, kommt es zur Ernüchterung. Die anfänglich starke Idealisierung schlägt leicht in Abwertung um, Enttäuschung und Verachtung. Der narzisstische Partner möchte den hysterischen am liebsten loswerden, weil er ihm lästig wird.

Der hysterisch strukturierte Mensch wirkt oft kindlich, unreif, enorm anhänglich, bedürftig und fordert Unterstützung und Hilfe. Er (miss)braucht den Partner als jemanden, von dem man emotionalen Halt bekommt, der die Rolle eines Elternteils für ihn/sie übernimmt. Wird er/sie verlassen, ist die Katastrophe perfekt: Geschrei, Szenen, Suiziddrohungen, Racheakte sind die Folge. Es ist, als würde ein Elternteil das eigene Kind verlassen, und dazu hat ja niemand ein Recht!

Der narzisstisch Strukturierte glaubt, alles allein zu schaffen, und kann selbst notwendige Hilfe schwer annehmen. Er übernimmt meist die führende Position in einer Beziehung. Er fühlt sich wichtig und stark, weil er sich für überlegen hält. Ist er mit einem hysterischen Partner zusammen, wird sich der narzisstisch Strukturierte oft den massiven, mitunter maßlosen Forderungen unterwerfen, um in Ruhe gelassen zu werden. Er kapituliert vor der enormen emotionalen Wucht, die der hysterisch strukturierte Partner entwickelt. Auch wenn er sich überlegen fühlt, wird er letztlich dominiert. So fühlen sich beide dominiert: der Hysteriker, weil er sich nicht ernst genommen fühlt, der Narzisst, weil er sich den unberechenbaren Gefühlsausbrüchen, Launen und Klagen des Hysterikers ausgeliefert sieht.

Narzisstisch strukturierte Menschen verlieren selten die Kontrolle über ihre Gefühle, außer im Falle der Kränkung. Hier können sie dann außer sich geraten und kopflos reagieren. Hysteriker *emotionalisieren* Konflikte, indem sie alles dramatisieren und sich in starke Gefühle hineinsteigern. Narzissten *rationalisieren* im Konfliktfall, sie vermeiden starke Gefühle oder finden keinen Zugang zu ihnen. Ein Patient äußerte, nachdem ein guter Bekannter gestorben war: »*Das ist der Lauf der Dinge.*« Gefühle von Trauer und Verlust kann er nicht empfinden. Ein Hysteriker wird im gleichen Fall laut klagen und seine Trauer übertrieben zum Ausdruck bringen. Außenstehende nehmen wahr, dass die Trauer nicht wirklich echt erscheint. Sehr schnell kann der Hysteriker *umschalten,* die traurigen Gefühle vergessen und etwa fröhlich lachen.

Neben unterschiedlichen Merkmalen besteht auch eine deutliche Übereinstimmung zwischen der hysterischen und der narzisstischen Persönlichkeit. Gemeint ist das Unechte, das Schauspielerische; beide Strukturen sind hiervon bestimmt. Beide sind auf der Suche nach der absoluten Liebe. Ebenso ähnlich ist die Tendenz, sich selbst für übertrieben wichtig zu halten und vor allem die eigenen, egoistischen Bedürfnisse zu befriedigen. Der narzisstisch strukturierte Partner steuert seine Gefühle demgegenüber enorm und spielt seine Rolle anders. Diese ist berechnend, den Anforderungen angepasst, um der eigenen Vorteile willen. Er wirkt oft kalt, unberechenbar, kontrolliert und zeigt eine Fassade. Schuldgefühle sind ihm fremd, und so setzt er sich rücksichtslos über die Bedürfnisse anderer hinweg. Partner werden eher als Besitz betrachtet, aber zu tieferen Liebesgefühlen sind diese Betroffenen nicht in der Lage, vielmehr werden diese oft schmerzlich vermisst. Kommt es zur Trennung, entwickeln sie eine ungeheure Wut über diese Kränkung: Da ist jemand, der es wagt, sie zu verlassen! Aber die emotionale Abhängigkeit bezieht sich in erster Linie darauf, dass sie unter allen Umständen versuchen, dem Schmerz der Trennung zu entkommen. Es geht nicht darum, den anderen, den sie tief lieben, eventuell wiederzugewinnen, weil sie ja zu echter Liebe gar nicht fähig sind. Die fehlende Selbstliebe ist das tiefere Problem der narzisstischen Persönlichkeitsstörung. Innere Leere und fehlende Wärme versuchen sie mit Grandiosität, Macht, Erfolg und Anerkennung zu füllen.

Rache

Bei den hysterischen Spielen und Inszenierungen ist oft unschwer zu erkennen, dass es um Rache geht. Lieber gemeinsam untergehen als Frieden geben. Man ist neidisch auf das, was der Partner hat, und glaubt, dies selbst nicht bekommen zu können. In vielen Beziehungen erscheinen die Machtkämpfe unauflösbar. Die tiefe Wut mancher Frauen auf alles, was männlich ist, hat oft Wurzeln, die in die Kindheit zurück reichen. Meist ist der Konflikt verdrängt, und die Betroffenen haben keinen direkten Kontakt dazu. Die Wut bricht sich trotzdem machtvoll – meist indirekt in Form grandioser Inszenierungen – Bahn.

In der Realität finden wir den Vamp, der Männer anlockt wie Fliegen, um sie dann zu demütigen und zu verachten. Partner werden zur Befriedigung der Rachegelüste missbraucht.

Der *Rachetyp* versucht, den Konflikt, den es während der Kindheit mit dem Vater oder der Mutter gab, zu lösen. Geblieben ist ein Hass auf einen Elternteil, der die Liebe des Kindes nicht genügend beachtete oder erwiderte. Fühlte sich ein Mädchen vom Vater verraten, ist die Folge oft Männerhass. Man möchte sich am Vater rächen, indem man Männer leiden lässt oder dem Vater zeigt, dass man viele haben kann. Diese Dynamik ist nicht selten bei Prostituierten zu beobachten.

Auf die Zurückweisung durch den Vater reagieren Menschen unterschiedlich. Es kann sein, dass sie innerlich Anklage erheben: »*Ich fühle mich um die Liebe meines Vaters betrogen, darum kann ich nicht glücklich werden. Ich warte darauf, dass ich sie endlich bekomme, denn ohne sie wird mein Leben ewig unglücklich bleiben.*« Der Vater wird für das eigene Unglück verantwortlich gemacht. Es bleibt eine emotionale Abhängigkeit, und die Betroffenen übernehmen nicht die Verantwortung für ihr Leben, weil sie immer einen Schuldigen haben, der sie scheitern ließ. Es bleibt das Gefühl, zu kurz gekommen zu sein, sowie eine tiefe Kränkung.

Die Wut auf den Vater und auf das männliche Geschlecht

Oft ist eine tiefe Wut und eine ohnmächtige Verzweiflung darüber spürbar, sich abgewertet und gedemütigt zu fühlen, weil man »nur« eine Frau ist. Dieses Problem ist leider weit verbreitet. Wie sich in folgenden Fallbeispielen zeigt, neigen viele Eltern (nicht nur Väter, sondern auch Mütter) immer noch dazu, die Geburt eines Jungen für erfreulicher und wertvoller zu betrachten als die Geburt eines Mädchens:

> Frau M. kommt ins Therapiegespräch und ist ganz verzweifelt. Die noch verbleibende Zeit in der Klinik reiche keinesfalls, um alle ihre Probleme zu bearbeiten. Es gehe ihr sehr schlecht; gerade erst habe sie angefangen, über ihre Probleme zu reden. Der Vater sei ein Patriarch gewesen, habe sie immer an sich gebunden, indem er alles für sie erledigt habe; sie sei voller Wut, dass sie sich immer noch so abhän-

gig von ihm fühle. Aber im Grunde habe er ihren Bruder mehr geliebt. Sie hasse sich selbst. Es sei endlich an der Zeit, dass sie in der Therapie Fortschritte mache, aber es gehe ihr immer schlechter statt besser. Ihre Wut und ihr Selbsthass würden immer stärker. Die Therapiegruppe könne ihr auch nicht helfen.

Die Klage, die wie eine Anklage gegen die Therapie geäußert wird, ist von größtem Interesse. Es ist sinnlos, die Patientin etwa von der Wirksamkeit der Therapie überzeugen zu wollen. Interessanter und wichtiger ist es an dieser Stelle, die Inszenierung zu verstehen, also die Botschaft, die sie mit ihrem Verhalten zum Ausdruck bringt. Übersetzt lautet sie: Ich bin zu kurz gekommen, ich will endlich Anerkennung, ich will endlich bedingungslos angenommen und geliebt werden. Frau M. hatte bisher in allen Lebensbereichen vergeblich darum gekämpft.

Den Hintergrund für ihre Probleme findet Frau M. schließlich in der unbewältigten Geschwisterrivalität, die sich auf ihren Bruder bezog. Sie fühlte sich als Mädchen weniger akzeptiert und anerkannt. Besonders der Vater sei immer sehr stolz auf seinen Sohn gewesen. Obwohl er die weniger guten Leistungen in der Schule erbrachte, spürte sie, dass der Vater ihn mehr schätzte. Die gleiche Anerkennung zu erhalten war ihre große Sehnsucht, und sie tat alles dafür, diese zu gewinnen. Sie versorgte die Geschwister, erledigte alle Arbeiten im Haushalt und war eine gute Schülerin, sodass ihr Vater mit Recht hätte stolz auf sie sein können. Allerdings reichte ihre ganze Mühe nicht aus, um den Bruder zu überholen. Allein die Tatsache, dass er ein Junge war, ließ den Vater an seiner Einstellung festhalten. Bei Frau M. löste dies lebenslange innere Wut und Verzweiflung aus.

Zum Vater entwickelte sich eine Hassliebe. Einerseits wollte sie endlich die verdiente Anerkennung und Wertschätzung bekommen, andererseits hasste sie ihn, weil er ihr diese nicht in dem erwünschten Umfang zukommen ließ. Das große Problem dieser tiefen Hassgefühle war, dass Frau M. diese immer in sich trug. Wo sie sich auch befand, die Wut begleitete sie. Die Wut über die mangelnde Anerkennung wurde zum lebensbestimmenden Komplex. Sie fühlte sich ungerecht behandelt und ihr Selbstwertgefühl war tief verletzt.

Als wollte sich die Seele immer wieder zu Wort melden, erlebte Frau M. diesen Konflikt in ganz unterschiedlichen Situationen. Immer wieder trat sie in Konkurrenz mit anderen, die besser angesehen waren als sie selbst. Vor allem war sie neidisch auf die Menschen, die sich scheinbar nicht anzustrengen brauchten oder es vermeintlich leichter hatten als sie.

Beachtlich war die enorme Energie, die Frau M. kämpferisch aufbrachte. Wie gegen Windmühlen rannte sie gegen eine ungerechte Welt an, die sie mit aller Macht verändern wollte. Auf ihrer Arbeitsstelle war sie gefürchtet, vor allem bei männlichen Kollegen, mit denen sie sich in zerstörerische Konkurrenzkämpfe begab. Mehrfach musste sie die Arbeitsstelle wechseln, weil das Betriebsklima für sie und andere unerträglich wurde. Oft geriet sie über Kleinigkeiten in starke Wut und heftigen Zorn. Dies machte das Leben für sie selbst und andere extrem anstrengend. Natürlich nahm sie wahr, dass man sie am liebsten loswerden wollte. Dies spiegelte sich zunächst in der Therapiegruppe wider, weil auch hier die typischen Konkurrenzkonflikte aufbrachen.

Die Therapie kann Frau M. tatsächlich nicht helfen, wenn sie sich nicht auf die Lösung ihrer problematischen Beziehung zum Vater einlässt. Dies wird ihr schwer fallen, denn sie wird ihr gesamtes Leben in Frage stellen müssen.

Nach dem Motto »Ich werde es den Männern schon zeigen« werden die Messer gewetzt. Aber durch Kampf ist der Konflikt nicht zu lösen, im Gegenteil, er steigert sich zur Tragödie. Die tiefe Wut auf Männer, die es vermeintlich besser haben, führt zum Komplex. Das folgende Fallbeispiel spiegelt eine ähnliche Problematik:

Frau P. wurde als erstes Kind geboren. Der Vater hatte sich einen Sohn gewünscht und verfuhr nach der Devise: So viele, bis ich einen Sohn habe. Die Folge waren vier Mädchen und zuletzt ein Junge. Frau P. musste als Älteste viele Pflichten in der Familie übernehmen und fühlte sich häufig ungerecht behandelt. Insbesondere spürte sie die Missachtung als Mädchen. Sie war aufsässig und wurde häufig bestraft. Andererseits versuchte sie, durch Leistung auf sich aufmerksam zu machen. Sie versuchte, die Kränkung, ein Mädchen zu sein, wettzumachen. Dies brachte sie in einen typischen Teufelskreis. Je mehr Energie sie aufbrachte, um sich aus dem Minderwertigkeitsgefühl zu befreien, desto stärker spürte sie ihre Wut, und immer wieder erhielt das Gefühl, nicht zu genügen, neue Nahrung. Diese Dynamik führte zu großer Anspannung und Überforderung, zu Selbsthass und psychosomatischen Symptomen. Frau P. war ständig getrieben, leicht kränkbar und litt an starken Gefühlsschwankungen. Ihr Hang zur Dramatisierung brachte sie immer wieder in Verstrickungen und dazu, dass sie sich ihren Gefühlen wie Wut, Schmerz und Angst häufig ausgeliefert fühlte.

Eine andere Form, auf die Enttäuschung durch den Vater zu reagieren, ist der narzisstische Modus:[8] »*Ich brauche deine Zuneigung nicht, du bist nicht wichtig, ich schaffe es allein, du kannst mir nicht wehtun.*« Natürlich verbirgt sich hinter einem solchen Auftreten ein Selbstbetrug, der mit Bedürfnislosigkeit überspielt wird. Man möchte sich an den eigenen Haaren aus dem Sumpf ziehen. Die innere Wunde bleibt, auch wenn sie nicht gezeigt wird. Betroffene machen sich hart und spalten ihre Gefühle ab. Die Folge ist meist eine tiefe Unzufriedenheit und ein tiefer Groll gegen alle, denen es scheinbar besser geht. Im Grunde wird die Wut aber gegen die eigene Person gerichtet.

Frauen erfahren häufiger Demütigungen als Männer und sind auch eher mit Selbstzweifeln beschäftigt. Aus tiefenpsychologischer Sicht kommt es zur Abwertung der Frau durch die unbewusste Angst der Männer vor den Frauen. Hierzu ein paar kurze

Hinweise: Fast jeder Mann wurde von einer Mutter erzogen, die für ihn eine immens wichtige Person war. Sie konnte Liebe geben oder verweigern, sie war mächtig und überlegen und der kleine Mann abhängig und schwach. Die frühen Ängste vor Liebesentzug und vor allem die Wut darüber, Liebesentzug erlebt und sich klein und abhängig gefühlt zu haben, sind der Nährboden dafür, dass ein Mann später alle Frauen abwertet. Er versucht unbewusst, Rache an der Mutter zu nehmen, und entwertet die Frauen, um seine tiefe Angst vor Unterlegenheit zu überspielen. In Partnerbeziehungen wiederholt sich das Drama der Kindheit nur auf einer anderen Bühne, in einer anderen Kulisse und mit anderen Schauspielern. Das Thema, der innere Konflikt, bleibt immer gleich.

Rache führt tiefer in die Verbitterung, nicht zu Zufriedenheit. Der Sieg vor dem Hintergrund von Rache vermittelt das Gefühl der Überlegenheit über einen Schwächeren, eine schale Genugtuung. Die innere Wunde wird durch Rache nicht heilen können, sondern nur durch Trauerarbeit; dies wird noch weiter unten ausführlich bearbeitet, wenn es um die Heilung geht.

Die Rolle des Partners

Der Partner des Hysterikers ist vor allem Opfer eines kindlichen Anspruchs, versorgt zu werden. Er hat die Rolle des Retters, des Sündenbocks, des Verwöhners, und dies alles in bunter Reihenfolge, weil Rollen bekanntlich wechseln können. Der Partner soll vor allem das Problem der inneren Unzufriedenheit auflösen. Diese Erwartung ist naiv, aber für Betroffene selbstverständlich. Sie realisieren überhaupt nicht, dass sie einen irreführenden Anspruch an den Partner haben. Ihre Haltung ist *ichsynton* – darunter ist zu verstehen, dass die Betroffenen nicht merken, dass sie falsche Erwartungen haben, übertriebene oder nicht erfüllbare Forderungen stellen. Es entspricht ihrer innersten Überzeugung, dass sie sich richtig (klug) verhalten. Unverrückbar halten sie an einer übertriebenen Anspruchshaltung fest, ohne entsprechende Gegenleistungen zu erbringen. Die eigenen Leistungen werden hoch, die der anderen gering bewertet. Insgesamt sind sie selbstbezogen und egoistisch. In Partnerbeziehungen wirkt sich dies äußerst negativ aus.

> Frau H. spricht über ihren Partner, der sie nicht selbständig werden lässt: Er nehme ihr alles aus der Hand, auch wenn sie etwas selbst erledigen wolle. Es ist ein Trommelfeuer von Vorwürfen, die teils gravierend, teils weniger gravierend erscheinen. Sie lässt jedenfalls nichts aus, was sie als Argument gegen ihren Partner ins Feld führen könnte. Dabei ist sie extrem abfällig, fühlt sich völlig im Recht und ist von sich selbst überzeugt. Auf die Frage, warum sie immer noch mit einem Partner zusammenlebe, der sie so behandele, ist keine wirkliche Antwort zu bekommen, sondern es kommen ausweichende Erklärungen wie: »Man muss doch jedem eine Chance geben.« Eigene Anteile an den partnerschaftlichen Schwierigkeiten kann Frau H. zunächst nicht erkennen.

Für den Außenstehenden ist ersichtlich, dass Frau H. ihren Partner für ihre innere Unzufriedenheit verantwortlich macht. Bei der weiteren therapeutischen Arbeit wird deutlich, dass es der Partner ist, der ihr Halt und Sicherheit zu geben versucht. Ihrerseits sucht sie eine enge, anklammernde Beziehung zu ihm, möchte aber keinesfalls als unmündiges Kind behandelt werden.

Hysteriker werden selten auf die Idee kommen, dass sie die (Mit-)Ursache für die Probleme sind. Freiwillig werden sie sich auch nicht in Psychotherapie begeben, wenn sie nicht vom Partner unter Druck gesetzt werden oder andere Symptome wie Panikattacken, Phobien, Depressionen, Süchte oder psychosomatische Erkrankungen entwickeln.

Partner von Hysterikern fühlen sich oft wie im Nebel oder verwirrt, weil sie unmöglich den ständig wechselnden Absichten und Bewertungen folgen können. Sie haben die Rolle eines Elternteils für ein schwer erziehbares Kind übernommen. »*Was kümmert mich die Meinung von gestern, wenn es doch heute genau andersherum günstiger erscheint …*«, so die praktische Argumentationsweise! Die Realität wird vernachlässigt, die Logik ist unwichtig, und Widersprüche sind gleichgültig.

Manchmal ist das Gewissen mangelhaft, nach der Devise: »*Wer hält sich schon an Regeln?*« Etwa: »*Was bedeutet denn schon Treue? Niemand ist treu.*« Aber wehe, wenn man im Licht der Öffentlichkeit Schaden nehmen könnte, dann ist die Katastrophe perfekt. Hysteriker machen sich in Partnerschaften abhängig, und die Partner geraten in eine Art Co-Abhängigkeit.

Anklammernde Beziehungen

Menschen mit einer hysterischen Persönlichkeitsstörung suchen oft anklammernde, enge Beziehungen zum Partner. Er soll ihre Ängste und Unsicherheiten beseitigen, jedenfalls wird er dafür zuständig erklärt. Da sie schnell befürchten, unwichtig zu sein, werden sie immer dann unsicher, wenn ihnen nicht die ungeteilte Aufmerksamkeit des Partners zukommt. Dramatische Eifersuchtsszenen können aufbrechen, weil sie sich unsicher fühlen und befürchten, den Partner zu verlieren oder weniger bedeutend zu sein als andere. Die Eifersucht, die meist unbegründet ist, bezieht sich oft auf gleichgeschlechtliche Personen: Ein Mann wird eifersüchtig, weil seine Frau sich angeregt mit einem anderen Mann unterhält. Seine tiefe Angst vor Zurückweisung wird aktiviert. Eventuell steigert er sich in immer unrealistischere Ängste, sodass seine Eifersucht wahnhaften Charakter annimmt. Dabei ist zu beobachten, dass es sich um einen Realitätsverlust handelt. Für realistische Argumente sind Betroffene nicht zugänglich, jedenfalls so lange nicht, wie ihre Panik andauert. Sie finden immer neue unrealistische Beweise, die ihre Eifersucht tatsächlich zu rechtfertigen scheinen. Schließlich wendet sich der Partner wegen der krankhaften Eifersucht ab und die Betroffenen erreichen genau das Gegenteil von dem, was sie mit den Eifersuchtsszenen bezweckten. Das eigentliche Problem, die verdrängte Angst vor Zurückweisung, wird nicht erkannt; allerdings wird es verstärkt, denn wieder hat eine Zurückweisung stattgefunden.

Krankhafte Eifersucht kann sich auf alles beziehen, was der Partner tut: auf seinen Beruf, sein Hobby, auf Freunde. Immer besteht die tiefe Angst, nicht genügend Bedeutung und Wert für den Partner zu haben, und dass die Beziehung nicht verlässlich sein könnte.

Die Retterrolle

Für den Partner ist der Hysteriker extrem anstrengend und unberechenbar. Er weiß nie, womit er als nächstes rechnen muss. Versucht er, die Schwierigkeiten des Hysterikers zu lösen, so wird er feststellen, dass dies nicht wirklich gelingt, auch wenn es mitunter den Anschein haben kann. Letztlich wird er ihn verlassen oder sich in die Retterrolle begeben.

Ähnlich wie der Partner eines Suchtkranken, der auch alle Probleme und Schwierigkeiten mit Helfen ausgleichen will, finden wir bei Partnern von Hysterikern ein *Helfer-Syndrom.* Sie fühlen sich zum Helfen gezwungen und stellen ihre eigenen Bedürfnisse zurück. Sie ertragen alles, weil sie versuchen, den Kranken bei Laune zu halten. Der Partner wird zum ultimativen Problemlöser und wird sein eigenes Ich opfern. Er wird zum Beruhigungsmittel, zu einem eigentlichen Suchtmittel. Immer mehr Aufgaben kann jetzt der Hysteriker nicht mehr ohne ihn bewältigen.

Der Partner mag sich größer und stärker fühlen, weil er sich in der Rolle des Helfers befindet. Aus der Distanz ist zu erkennen, dass er nach Belieben manipuliert und gesteuert wird, je nach den Launen und Symptomen, die immer wieder neu inszeniert werden.

Der Partner, der retten will, hat verständlicherweise auch das Bedürfnis, dass es ihm selbst durch seine Aktionen besser gehe.

Seine emotionale Abhängigkeit wird nur selten angemessen verstanden. Er wünscht sich eine intakte Partnerschaft, und dafür ist er bereit, immer mehr zu investieren. Helfen ist sein Problemlöser, bis er schließlich mit dem Helfen nicht mehr aufhören kann. Er entwickelt einen regelrechten Zwang zum Helfen; dies bedeutet, dass er nicht selbst entscheiden kann, ob er noch helfen will oder nicht: er hat die Kontrolle verloren. Die Rede ist von einem Kontrollverlust. Nur so ist zu verstehen, warum Partnerbeziehungen nicht beendet werden, obwohl die Beziehung nahezu nur Nachteile bietet. Schließlich zerbricht auch die Persönlichkeit des zunächst so stabil wirkenden Helfers.

Wenn der Partner am Boden liegt, geht es dem Hysteriker plötzlich besser. Er hat keine Symptome mehr, schlüpft selbst in die Rolle des Helfers, zeigt sich verständig und versöhnlich, und ein geheimer Triumph ist in seiner Haltung! Das ist allerdings nur bei genauer Beobachtung zu erkennen. Er ist abgelenkt von seinen Ängsten und Symptomen, auf die er zuvor ununterbrochen seine Aufmerksamkeit richtete, in die er sich hineinsteigerte und die er dramatisierte. Jetzt braucht er die Aufmerksamkeit für ein anderes Thema: den Partner. Sobald dieser sich erholt hat und es ihm besser geht, schlägt die Stimmung wieder um. Jetzt widmet sich der Hysteriker wieder seinen eigenen Symptomen oder auch neuen Symptomen, die sich mit unverminderter Härte wieder einstellen. So ist zu verstehen, was für viele Beziehungen gilt: Wenn es dem einen besser geht, geht es dem anderen schlechter und umgekehrt. In gewisser Weise ist die Beziehung stabil, aber chronisch destruktiv. Man spricht von stabil-instabilen Beziehungen. Das einzige, was stabil ist, ist das Instabile.

Wie schon erwähnt, kommen insbesondere Menschen mit einer narzisstischen Persönlichkeitsstruktur als Partner in Frage. Sie sind ebenfalls auf der Suche nach der idealen Liebe und finden es fantastisch, sich mit einer besonders schönen und perfekten Partnerin zu schmücken oder den Traummann entdeckt zu haben. Wenn man ihn denn gefunden hat, entwickelt die Beziehung bald eine Eigendynamik: Einem fulminanten Debüt folgt bald das Fiasko. Jetzt entscheidet es sich, wie es mit der Partnerschaft weitergeht. Wird der Hysteriker verlassen oder kommt es zu einer dauerhaften Beziehung? Partner, die in die Retter-Rolle einsteigen und in ihr längere Zeit verbleiben, haben meist eine eigene Persönlichkeitsproblematik, die sie aber nicht erkennen. Für sie ist es immer lohnend, die Hintergründe ihres Helfer-Syndroms zu begreifen und zu bearbeiten.

Herr Z., der sich völlig für seine Frau und deren immer maßlosere Ansprüche verausgabte, ihre Familie finanziell massiv unterstützte, die Ausbildungskosten für ihre unehelichen Kinder übernahm, sich immer wieder den exaltierten Forderungen und Wünschen unterwarf, erkannte, nachdem ihn seine Frau verlassen hatte, dass auch er ein falsches Verständnis von Liebe und Partnerschaft hatte.
Schon früh in der Kindheit hatte er gelernt, dass man für Zuwendung viel tun muss. Er wurde als Retter und Wohltäter verschiedener Familienmitglieder missbraucht. Die Mutter hatte die Familie verlassen, und als ältester Sohn hatte er früh die Verantwortung für vier jüngere Geschwister übernommen. Im Geschäftsleben war er sehr erfolgreich und durchsetzungsfähig. Seine Rolle als Vorgesetzter füllte ihn aus, er war beliebt bei Untergebenen und Kollegen. Sobald er zu Hause die Tür öffnete, war sein Selbstwertgefühl wie spurlos verschwunden.
Für Herrn Z. war es selbstverständlich, dass er für Liebe alles geben würde. Er beschenkte seine Frau mit teurem Schmuck und gab sich selbst und die eigenen Bedürfnisse auf. Er realisierte nicht, dass er ausgebeutet wurde. Nachdem seine Frau ihn verlassen hatte, fühlte er sich leer und verzweifelt, er dachte ernsthaft an Suizid. Sein halbes Leben hatte er geopfert und alles gegeben – das sollte alles umsonst gewesen sein?

Herr Z., der früh von seiner Mutter verlassen worden war, hatte diese Kränkung nie überwunden. Unbewusst trug auch er dazu bei, dass sich sein Drama wiederholte.
Obwohl Herr Z. schließlich in keiner Weise von der Beziehung profitieren konnte, sich ständig Kränkungen und Abwertungen anhören musste, manipuliert und ausgebeutet wurde, war es ihm nicht möglich, seinerseits die Beziehung zu beenden. Als seine Frau ihn verlassen hatte, glaubte er, sie immer noch zu lieben.

Liebe und Abhängigkeit werden als Gefühl oft verwechselt. Wenn Herr Z. sich fragen würde, was an seiner Frau wirklich noch liebenswürdig sei, dann müsste er zu dem Schluss kommen, dass die Liebe durch die gravierenden Vorfälle längst zerstört wurde. Aber er fühlt sich immer noch verantwortlich, möchte weiter helfen und idealisiert die schöne Zeit der jungen Ehe. Er denkt nur darüber nach, was er hätte tun müssen, um das Scheitern der Beziehung zu verhindern. So bleibt er in der Abhängigkeit fixiert. Ihm könnte helfen, das eigene Drama zu verstehen, seine gesamte Beziehungsgestaltung zu hinterfragen, insbesondere sein Verständnis von Liebe und Selbstliebe.

Manipulation

Oft fühlt sich der Hysteriker klein, schwach, ängstlich und hilfsbedürftig. Es ist ihm nicht klar, dass er selbst im Grunde der Mächtigere ist. Er manipuliert den Partner mit unterschiedlichen Symptomen:

- Ich habe Angst, bitte bleibe bei mir.
- Ich habe Migräne, bitte belaste mich nicht.
- Mir geht es schlecht, kümmere dich um mich.
- Ich habe Angst, allein auszugehen, bitte begleite mich.
- Ich kann nicht allein sein, du darfst nicht ausgehen.
- Ich bin so depressiv, bitte rede mit mir.

- Ich bin so krank, du musst mir helfen.
- Ich bin so einsam, bitte unterhalte mich.

Nur aus der Distanz ist zu erkennen, dass der Partner mit Hilfe der Symptome massiv eingeschränkt und beherrscht wird. Manipulatives Verhalten ist geradezu typisch für die hysterische Persönlichkeitsstörung. Auf indirekte Weise wird versucht, ein Ziel zu erreichen. Insbesondere eignet sich hier das Erzeugen von Schuldgefühlen in anderen, um so zu bekommen, was diese nicht freiwillig geben wollen. Ein Leidender braucht Hilfe, darum darf man ihn nicht im Stich lassen. Im Betätigen der richtigen Knöpfe sind hysterische Menschen oft ungeheuer geschickt, um andere zu manipulieren. Dazu eignen sich meist die engeren Familienmitglieder besser, weil sie in einer moralischen Abhängigkeit stehen, etwa die Kinder oder der Partner. Entferntere Bekannte und Verwandte sind unbeteiligt oder verhalten sich ablehnend, können aber auch in den Sog der Abhängigkeit geraten, wenn sie sich auf die Helfer-Rolle einlassen. Auch sie sind dann Opfer der Ausbeutung, die im Grunde niemandem hilft.

Über Jahre kann sich ein regelrechtes »Ich-bin-ein-armes-Schwein-Syndrom« entwickeln. Dazu gehört die absolute Überzeugung, selbst Opfer einer ungerechten, verfolgerischen und bösartigen Welt zu sein. Man braucht Retter und glaubt, selbst überhaupt nichts zur Verbesserung der eigenen Situation tun zu können.

Interessant ist, dass nicht nur dem Gegenüber etwas vorgespielt wird, sondern der Betroffene spielt sich insbesondere auch selbst etwas vor. Er glaubt, wirklich hilfsbedürftig und klein zu sein, und das entlastet vor allem sein Gewissen. Andere tragen die Schuld an seinem Elend, er selbst ist unschuldig.

Symptome können wechseln, wenn sie nicht die gewünschte Wirkung erzielen, etwa weil sie ignoriert werden. Verschwindet ein Symptom, wirkt dies zunächst erleichternd. Das Kernproblem bleibt erhalten, und deshalb ist mit neuen Symptomen zu rechnen. Es geht nicht um Schuld, sondern um die Frage, welcher

Preis für das hysterische Verhalten zu zahlen ist. Immer wieder ist zu betonen, dass diese Menschen schwer leiden und sich im Teufelskreis ihrer selbstdestruktiven Verhaltensweisen drehen. Sie sind krank und haben ein Recht auf Behandlung. Das wird selten wirklich erkannt.

Pseudostabilität

Dem Spiel, sich kleiner, bedürftiger und kindlicher darzustellen, als man in Wirklichkeit ist, steht das Spiel, sich größer und stärker darzubieten, gegenüber. Aber die Stabilität ist nur gespielt, es handelt sich um *Pseudostabilität.* Diese Menschen wirken zunächst extrem durchsetzungsfähig, besonders wenn es um die eigenen Bedürfnisse, um die ihrer Kinder oder Familie geht.

In der Partnerschaft zeigt sich dies auch in Form einer starken Dominanz. Frau O. formuliert einen Satz, der treffend die Beziehung zu ihrem Mann beschreibt: *»Der bremst mich und ich schütze ihn. Ohne mich käme der nie aus den Puschen.«* Offensichtlich ist es notwendig, dass ihr Mann immer wieder beruhigend auf ihre überschießenden Gefühle einwirkt. Wenn sie sich ungerecht behandelt fühlt, verliert sie leicht die Kontrolle über Wut und Ärger. Auch auf ihre Ängste und Befürchtungen muss ihr Partner beruhigend einwirken. Er hat die Aufgabe übernommen, ihre labilen Gefühle zu stabilisieren. Er selbst ist zurückhaltend, eher zu wenig fordernd. Hier findet Frau O. ihre Aufgabe: Ihre Art, wie eine Löwin zu kämpfen, soll ihn vor Angriffen schützen, aber auch antreiben. Unüberhörbar ist das Abfällige in ihrer Äußerung: *»Ohne mich käme der nie aus den Puschen.«* Sie fühlt sich überlegen und entwertet ihn. Eine solche Haltung führt dazu, dass ihr Partner sich als Mann kastriert fühlt. Tatsächlich beklagt er Erektionsstörungen, und gerade auch deswegen erfährt er Abwertung – ein Teufelskreis.

Mit Abstand lässt sich der abhängige, der symbiotische Charakter der Beziehung erkennen. Beide Partner brauchen einander, besser: missbrauchen einander. Frau O. sollte lernen, ihre Gefühle selbst zu dämpfen. Ihr Partner müsste lernen, sich besser durchzusetzen und für die eigenen Bedürfnisse selbst einzutreten.

Beide Rollen, sich künstlich größer oder kleiner darzustellen, können sich auch abwechseln. Ein und dieselbe Person zeigt sich je nach Lage der Dinge stärker oder schwächer. In jedem Fall bleibt es ein Spiel.

Sexualität

Die Geschichte der Sexualität ist genau so bunt wie die Hysterie. Jede Epoche hat eine eigene Haltung zur Sexualität, sie ist in die Kultur eingebunden.

Freud war der Ansicht, dass immer verdrängte sexuelle Impulse die Ursache für die Hysterie seien. Diese These gilt inzwischen als widerlegt, zumal viele Fälle andere Hintergründe aufweisen.

Sexuelle Entwicklung

Betrachtet man die Persönlichkeitsentwicklung bei Jungen und bei Mädchen, sind Unterschiede nicht zu übersehen. Das klassische Rollenbild – und man muss immer noch davon ausgehen, dass es tief in der Seele jedes Menschen verankert ist – besteht darin, dass der Mann erobert und die Frau erobert wird. Daraus ergeben sich typische Konflikte: Während ein Mann eventuell an Selbstzweifeln, Hemmungen und Ängsten leidet und sich deshalb wenig erfolgreich fühlt, hat auch ein Mädchen oder eine Frau möglicherweise spezielle Probleme mit dem anderen Geschlecht. Die Spannung besteht bei weiblichen Personen insbesondere darin, das werbende Spiel nicht selbst steuern zu können. Die vorgeschriebene Rolle gibt vor, passiv zu bleiben und nur indirekt, durch Signale, auffällige Kleidung und animierende Gesten, auf sich aufmerksam zu machen. Dass Mädchen und Frauen sich herausputzen, ist in fast allen Kulturen und Epochen zu beobachten. Die Sexualität der Frau wird in fast allen Gesellschaften stärker unterdrückt als die des Mannes. Moralische und sittliche Werte haben ihre unabweisbare Bedeutung, um das Zusammenleben in einer Gesellschaft zu ermöglichen. Aber allein mit Aufstellen von Regeln und Vorschriften sind Triebe, etwa der Sexualtrieb, nicht einfach zu unterdrücken. Offensichtlich fördern strenge moralische Vorschriften das Entstehen auffälliger hysterischer Symptome. In Indien, in den islamischen und teilweise auch in südeuropäischen Ländern werden ähnliche Symptome beobachtet, wie dies noch zu Beginn des 20. Jahrhunderts in westeuropäischen Ländern der Fall war. Hier kommt es offensichtlich zu einer Veränderung des Rollenbildes. Frauen treten fordernder und aggressiver auf, auch im Bereich Sexualität. Zur hysterischen Dynamik gehört oft, nicht immer, der innere Konflikt, wütend über die passive Rolle zu sein. Wichtig erscheint das Gefälle in den Möglichkeiten der Selbststeuerung. Während der Junge aktiv sein kann und soll, muss ein Mädchen abwarten, passiv bleiben und sich mit dem abfinden, was geschieht. Gerade dieses Abwarten, das Angewiesensein darauf, beachtet zu werden, ist kränkend und unerträglich. Hier wird eine emotionale Spannung aufgebaut, die häufig nicht positiv bewältigt wird. Die hysterische Persönlichkeit will sich nicht abfinden mit dieser Hilflosigkeit, sondern tut alles, um sie nicht zu spüren. Das Selbstwertgefühl ist schwach und wird kompensiert, etwa mit auffälliger, verführerischer Kleidung und übertriebener Schminke. Gerade die Übertreibung weist auf den inneren Konflikt hin: unbedingt auf sich aufmerksam machen zu müssen, aus Angst, nicht beachtet zu werden. Der Hintergrund findet sich meist in tiefen Zweifeln bezüglich der eigenen Identität als Frau. Dieses auffällig starke Verlangen, als Mann oder Frau immer wieder bestätigt zu werden, weist unzweifelhaft auf einen Mangel an Sicherheit und Selbstbewusstsein, wie das folgende Beispiel zeigt:

Herr P. war ständig auf der Suche nach neuen Sexualpartnerinnen. Für ihn war es ein Spiel der Selbstbestätigung. Als er sich ernsthafter in eine Frau verliebte und die Beziehung länger dauerte, stellten sich Erektionsstörungen ein. Bei anderen Frauen passierte ihm dies nicht. Herr P. hatte noch weitere emotionale Probleme: Er lebte häufig in der Angst, einen Herzinfarkt zu erleiden. Auch vermied er es, sich aus seinem Heimatort zu entfernen, weil er auch panische Ängste entwickelte, wenn er nicht in der Nähe seines Hauses war. Die Frau, zu der er eine tiefere Beziehung eingegangen war, hatte eine fürsorgliche, mütterliche und mitunter auch dominante Rolle eingenommen.

Bei der Bearbeitung von Herrn P.s Biografie wurde ersichtlich, dass er immer noch eine sehr enge Beziehung zur Mutter hatte, die ihn verwöhnte und deren Partnerersatz er war. Vor diesem Hintergrund fiel es Herrn P. schwer, sich in länger andauernden Beziehungen als Mann und als Partner zu fühlen und dies wurde durch die ausbleibende Erektion symbolisiert.

Der Ödipuskomplex

In der griechischen Sage war es König Ödipus, der seinen Vater tötete und seine Mutter heiratete. Freud verdeutlichte anhand dieses Motivs wesentliche Elemente seiner Theorien: Zur normalen kindlichen Entwicklung gehört, dass kleine Mädchen ihren Vater und kleine Jungen ihre Mutter heiraten wollen. Im fünften bis sechsten Lebensjahr beginnt ein Kind, sich für seine Geschlechtsorgane zu interessieren, und erotische Gefühle richten sich auf andere Personen, insbesondere auf Vater oder Mutter. Die Liebe zum gegengeschlechtlichen Elternteil ist eine natürliche Entwicklung. Von einer *ödipalen Fixierung* ist die Rede, wenn es dem Erwachsenen nicht gelungen ist, sich vom gegengeschlechtlichen Elternteil zu lösen. Ein Mann liebt und verehrt seine Mutter als wichtigste Person. Der Platz in seinem Herzen, der eigentlich einer Partnerin zustehen würde, ist besetzt. Das Gleiche findet sich bei einer Frau, die ihren Vater verehrt und liebt als den eigentlichen Mann in ihrem Leben. Der jeweilige Elternteil steht für diese Menschen bildlich auf einem Sockel, sodass sie selbst, was die Liebe betrifft, in einer kindlichen Rolle fixiert bleiben. Die kindliche, abhängige Liebe zu den Eltern oder zu einem Elternteil muss überwunden werden. In Partnerbeziehungen kommt es sonst zwangsläufig zu Konflikten, weil diese Fixierung Rivalität, Eifersucht und unklare Beziehungen mit sich bringt.

Der Mann, der sich von seiner Mutter nicht gelöst hat, sieht unbewusst in seiner Frau immer noch die Mutter und stellt eine entsprechende Beziehung zu ihr her. Aus tiefenpsychologischer Sicht wird davon ausgegangen, dass unbewusst das Inzesttabu etwa zur Impotenz führt. Eine Frau, die einen wesentlich älteren Partner wählt, handelt nach dem unbewussten Versuch, den Vater doch noch zu heiraten. Der Ödipuskomplex wurde von Psychoanalytikern oft überbewertet, ist allerdings tatsächlich nicht selten anzutreffen.

Ursprünglich nahm Freud an, dass die ödipale Fixierung der alleinige Hintergrund für die Hysterie sei. Zwischenzeitlich ist jedoch bewiesen, dass auch andere Konflikte zur hysterischen Problemverarbeitung führen können. Dazu gehören tiefe Verletzungen und Kränkungen (narzisstische Konflikte) ebenso wie Vernachlässigungen während der frühen Kindheit (orale Konflikte).

Frigidität

Das Ausbleiben sexueller Lust bei der Frau ist ein verbreitetes Phänomen und nicht zwangsläufig gleichzusetzen mit Gefühlskälte, wie des öfteren behauptet. Der Psychoanalytiker Israel macht deutlich, dass es sich bei der Frigidität nicht um die Unfähigkeit, sexuelle Lust zu empfinden, handelt. Vielmehr ist die

Bereitschaft, Lust zu entwickeln, nicht vorhanden oder die Sexualität wird verweigert. Für die Behandlung der Störung ist dies ein entscheidender Unterschied. Die Frage lautet daher: Warum muss die Lust verweigert werden?

Die Gründe sind individuell unterschiedlich, lassen sich aber meist bis in die Herkunftsfamilie zurückverfolgen. Auf die Haltung der Tochter zur Sexualität hat die Mutter meist maßgeblichen Einfluss. Wie zufrieden sie selbst mit ihrer Sexualität in der Beziehung zu ihrem Partner ist, geht in die Psyche der Tochter ein. Die Einflussnahme kann, da sie früh beginnt, sehr subtil und nachhaltig sein. Den Eltern mag es gelingen, ihre Schwierigkeiten nach außen zu verbergen, aber gegenüber den eigenen Kindern gelingt das nicht. Dies gilt besonders für die Haltung, die Eltern zueinander haben. Wenn der Vater durch die Mutter abgewertet wird, etwa dadurch, dass sie alle Männer schlecht macht und als gierige Monster beschreibt, die nichts als ihre Triebbefriedigung im Sinn haben, erzeugen diese prägenden Informationen vor allem Ängste. Besonders die Angst, verletzt, ausgebeutet und zurückgewiesen zu werden, Männerhass oder Enttäuschung in der Partnerschaft werden offen oder verdeckt, aber nachhaltig vermittelt. Frigidität ist die gerechte Strafe, die der Mann oder alle Männer verdienen. Sie ist die einzige Möglichkeit, sich zu schützen, vor Kränkungen, Enttäuschungen und Zurückweisungen. Die gekränkte und wütende Mutter verursacht bei der Tochter die Angst, dass es ihr ähnlich ergehen könnte. Oft werden diese Ängste verdrängt, bleiben also unbewusst. Im Rahmen einer Therapie wäre dies zu bearbeiten.

Betrachtet man Frigidität als hysterisches Symptom, dann wird deutlich, was zur Sprache gebracht werden soll. Die eigene Entwicklungsgeschichte gilt es zu verstehen und zu bearbeiten.

Auch im Fall von sexuellem Missbrauch oder nach einer Vergewaltigung sind sexuelle Probleme zu befürchten. Auch hier weist der Körper nachdrücklich auf die seelische Verletzung hin, die zunächst heilen muss, bevor es befriedigende Sexualität geben kann.

Ein Beispiel für eine typische hysterische Reaktion finden wir in folgendem Fall:

Frau I., eine suchtkranke Patientin, fährt nach einigen Wochen stationärer Therapie für drei Tage nach Hause. Wichtige Probleme, die sie in der Klinik bearbeitete, wollte sie nun in ihrer häuslichen Umgebung klären, um dann in die stationäre Therapie zurückzukehren. Solche externen Therapietage haben immer den Zweck, neu erworbene Verhaltensweisen zu erproben, auf Schwierigkeiten und Ängste zuzugehen und für die letzte Phase des stationären Aufenthalts einen möglichst realistischen Bezug zum Alltag zu finden.
Frau I. hatte zuvor die Frage aufgeworfen, ob es nicht besser sei, sich von ihrem dominanten Mann zu trennen. Nach der Rückkehr in die Klinik wurden ihre Eindrücke besprochen: Sie schildert, dass es zu einem heftigen Streit mit ihrem Mann gekommen sei. Sie berichtet, dass der Anlass eigentlich ganz geringfügig gewesen sei. In ihrem Kleiderschrank habe sie eine Bluse gesucht. Da sie sich nicht von älteren Kleidungsstücken trennen könne, habe ihre Suche länger gedauert. Dies habe ihr Mann mit einer barschen Äußerung quittiert: »Du musst endlich deinen Schrank von überflüssigem Mist befreien.« Sie sei explodiert, und der übliche lautstarke Streit mit gegenseitigen Schuldzuweisungen habe seinen Verlauf genommen. Später habe man sich wieder vertragen und versöhnt. Auf die Frage, ob es zu Zärtlichkeiten und Sex gekommen sei, antwortete Frau I.: Zu Zärtlichkeiten ja, und sie habe das Kuscheln im Bett sehr genossen. Aber Sex habe sie abgelehnt, obwohl ihr Mann sich dies nach ihrer langen Abwesenheit sehr gewünscht habe. Nach dem Streit, habe sie ihm erklärt, sei ihr dies noch zu früh. Auf die Frage »Warum zu früh, nachdem wir uns doch wieder versöhnt haben?« antwortete sie: »Weiß ich nicht.«

Die hysterische Problemverarbeitung wird in diesem kurzen Fallbeispiel deutlich. Es kann davon ausgegangen werden, dass Frau I. unbewusst einen Streit herbeiführte, um nicht intim werden zu müssen. Ein geringfügiger Anlass wird hochstilisiert, und eben dies ist das Verräterische. Und wieder wird versäumt zu fragen, worum es eigentlich geht. Es geht nicht darum, ob ein Schrank ausgeräumt wird oder nicht, sondern das Problem liegt tiefer. Verräterisch ist auch die Antwort: »Weiß ich nicht!« Diese finden wir bei hysterischen Menschen immer wieder. Es handelt sich um eine Abwehr kränkender Wahrheiten.

In der Therapie werden Ängste und Aggressionen herausgearbeitet: Frau I. fühlt sich ihrem Mann unterlegen. Sie schämt sich wegen ihrer Suchtkrankheit und glaubt, dass ihre Unterlegenheit dadurch noch größer geworden ist. Sie fühlt sich minderwertig und immer wieder scheint der Machtkampf zu Gunsten ihres Mannes auszugehen. Nur im Bett, da ist sie die Stärkere. Mit ihren eigenen Waffen versucht sie, sich zu wehren; sie verweigert sich.

Der Teufelskreis der gegenseitigen Kränkungen wird sich weiterdrehen. Herr I. wird sich vermutlich wie üblich in seine Arbeit flüchten und seine Frau abwerten, die ihn dann ihrerseits mit dem Entzug von Sexualität bestraft – oder beide Partner lernen, auf destruktive Problemlösungen zu verzichten. Jeder zahlt einen hohen Preis, wenn er sich nicht um die eigenen Anteile kümmert, die den Konflikt aufrechterhalten.

Anzumerken ist an dieser Stelle, dass Frau I. Sexualität als Waffe einsetzt. Sie missbraucht Sexualität als Machtinstrument. Auf Dauer kann das nicht ohne Folgen bleiben. Wer seine Sexualität missbraucht, führt dadurch sexuelle Störungen herbei.

Erektionsstörungen

Das häufigste sexuelle Problem beim Mann sind Erektionsstörungen. Das Ausbleiben einer Erektion hat in den meisten

Fällen psychische Ursachen. Urologen können meist zweifelsfrei feststellen, ob eine körperliche Beeinträchtigung vorliegt, etwa Diabetes.

Sexuelle Probleme weisen auf tiefer liegende Störungen hin.

> Herr U. ist in zweiter Ehe verheiratet. Zur Familie gehören noch zwei Kinder im Alter von 13 und 15 Jahren. Er klagt über Erektionsstörungen. Seit einigen Jahren sei es ihm immer seltener möglich, befriedigende Sexualität zu erleben. Herr U. beschreibt seine Ehefrau als dominant und als die Person, die in der Familie die Hauptlast der Verantwortung trage. Er fühle sich oft nicht als Partner, eher als drittes Kind seiner Frau. Er habe sich eine bequeme Rolle gesucht und lasse sich am liebsten verwöhnen. Während seiner Kindheit sei er von der Mutter verwöhnt worden, von der er sich bisher nicht wirklich gelöst habe.

Im Fall dieses Patienten wird deutlich, dass er Probleme mit seiner männlichen Identität hat. Er fühlt sich als Mann nicht vollwertig und entwickelt deshalb leicht Versagensgefühle im sexuellen Bereich, und gerade die Sexualität ist für Kränkungen anfällig. In keinem anderen Bereich der Persönlichkeit wirken Abwertungen so demütigend und nachhaltig.

Die Angst vor dem Versagen setzt einen regelrechten Teufelskreis in Gang, den Betroffene oft nicht allein auflösen können. Die Befürchtung, dass es schief gehen könnte, wird zur Gewissheit, sodass künftige Versuche unter dieser Belastung kaum Aussicht auf Erfolg haben. Die Rede ist hier von *sich selbst erfüllenden Prophezeiungen*.

Meist sind Minderwertigkeitsgefühle Hintergrund für Erektionsstörungen. In der Regel reicht es nicht, diese Minderwertigkeitsgefühle zu erkennen und aufzulösen; im Fall von Herrn U. ist eine grundlegende Verhaltensänderung notwendig. Problematisch ist seine bequeme Pascha-Rolle in der Familie, die die Dominanz der Ehefrau aufrechterhält. Er könnte lernen, sich gleichwertig zu fühlen, und so ein neues Selbstbewusstsein gewinnen.

Herr U. hatte sich nicht genügend von seiner Mutter abgenabelt. Er war nicht in der Lage, ihr zu widersprechen, oder befürchtete, sie zu verletzen. Immer noch hat er Angst vor ihrer Dominanz und fühlt sich klein und ohnmächtig, und er glaubt, sie noch zu brauchen, weil sie der wichtigste Mensch in seinem Leben ist und nicht die Partnerin.

Er fühlt sich häufig abhängig und unfrei, er richtet seine Wut gegen sich selbst und fühlt sich oft depressiv und ohne Antrieb. Ähnlich wie von seiner Mutter fühlt er sich von seiner Ehefrau dominiert. Auch hier gelingt es ihm nicht, sich offen mit ihr auseinander zu setzen und konstruktive Kompromisse zu finden. Manchmal zieht er sich in kindlichem Trotz zurück, der seinem Selbstwertgefühl zusätzlich schadet. Das Unterlegenheitsgefühl, das sich im Alltag einstellt, wirkt sich auch auf die Sexualität aus. Unbewusst (vielleicht auch bewusst) bestraft Herr U. seine Frau, indem er ihr seine Potenz vorenthält. Da die Partnerin die Rolle der Mutter eingenommen hat, wird aus psychoanalytischer Sicht die Angst vor dem Inzesttabu unterstellt.

Hysteriker in der Elternrolle

Es ist kein Zufall, dass sich die kluge Else ein Drama mit dem zukünftigen Kind ausmalt. Hysterikerinnen sind nicht selten in erster Linie darauf fixiert, Mutter zu sein, und beziehen ihren Wert und ihre Bedeutung aus der Mutterschaft. Oft dreht sich das gesamte Leben nur um die Kinder.

Schwangerschaft und Geburt sind bedeutende Ereignisse im Leben jeder Frau. Für die Hysterikerin sind sie »einzigartig«, »grandios«, »fantastisch«, »überwältigend«; Schwangerschaft wird nicht nur erlebt, sondern in erster Linie demonstriert. Ein Kind zur Welt zu bringen, wird als enorme Aufwertung der eigenen Person erlebt und das schwache Selbstwertgefühl durch die Mutterschaft scheinbar gefestigt. Die tiefere Unsicherheit bezüglich der eigenen Identität als erwachsene Frau scheint endlich beruhigt.

Aber das übertrieben unechte und prahlerische Verhalten wird unweigerlich zum Problem und zur Belastung für den Säugling. Früh wird er zum Instrument der Mutter, die über ihn Bedeutung und Wert erlangen will. Sie reagiert übertrieben in jeder Hinsicht, wenn es um die Versorgung geht. Alles wird mit besonderer Bedeutung aufgeladen. Unweigerlich führt dies zur Überforderung und damit häufig zu psychosomatischen Krankheiten des Säuglings, die zusätzlich belasten. Kinder werden zu Marionetten degradiert, die den Erwartungen unbedingt zu entsprechen haben. Die Aufmerksamkeit ist ausschließlich und vollständig auf das Kind gerichtet. Übertriebene Angst vor Krankheiten, Unfällen und sonstigem Unheil überschattet den Alltag. Das, was die kluge Else vor dem Bierfass in ihrer Fantasie voraussah, wird in der Realität zum täglichen Terror.

Mit Abstand lässt sich erkennen, dass das Kind emotional für die Bedürfnisse der Mutter missbraucht wird.[9] Dies zieht sich wie ein roter Faden durch die ganze Kindheit. Der Partner verliert eventuell völlig an Bedeutung, weil sich die Hysterikerin ausschließlich dem Kind widmet. Nach der Geburt wird möglicherweise der sexuelle Kontakt mit dem Partner eingestellt.

Die Partnerschaft verläuft wie beschrieben auf Grund der typischen Schwierigkeiten eher unglücklich. Entweder leben die Partner getrennt, oder die Beziehung ist von ständigen Auseinandersetzungen gekennzeichnet, oder der Partner hat sich ganz aufgegeben und der Dominanz der Hysterikerin unterworfen. Die Liebe ist tot, aber es ist nicht zu einer Trennung gekommen.

Typischerweise geraten diese Kinder leicht in die Partnerersatzrolle. Das Grundbedürfnis nach Liebe, Wärme und Zuneigung, das in der Partnerschaft nicht zu stillen ist, sollen die Kinder befriedigen. Sie sind wie ein Besitz, über den man nach Belieben verfügen kann. Sie werden für egoistische Bedürfnisse missbraucht. Nicht selten wird dafür ein bestimmtes Kind ausgewählt – das Lieblingskind. Hier bilden sich lebenslängliche Abhängigkeiten auf Kosten dieser Kinder, die sich auch als Erwachsene nicht genügend abgrenzen können und sich auch dann noch maßlosen Ansprüchen verpflichtet fühlen. Dieses Problem findet sich unendlich häufig in unserer Gesellschaft, und es ist sehr verwunderlich, warum so wenig über die teilweise tragischen Folgen aufgeklärt wird.

In der Rolle des Partnerersatzes erlebt das Kind einerseits Verwöhnung und ständige Aufmerksamkeit, andererseits einengende Abhängigkeit. Jede Bewegung, jede Abweichung von der elterlichen Linie, die eine Trennung bedeuten würde, wird bewusst und unbewusst unterbunden. Leicht kann es zu einer drastischen Einschränkung in der Persönlichkeitsentwicklung kommen. Die Persönlichkeit des Kindes wird geschwächt, abhängige Persönlichkeitsmerkmale werden gefördert. Eine abhängige (dependente) Persönlichkeitsstörung ist möglicherweise die Folge.[10] Hysterische Mütter oder Väter fördern durch ihr Modellverhalten die Entwicklung ähnlicher Problemlösungsstrategien bei ihren Kindern. Diese imitieren das Verhalten besonders des dominanten Elternteils. Voraussichtlich werden auch sie zu Dramatisierung, Emotionalisierung, Betonung von Äußerlichkeiten, egozentrischem und überheblichem Verhalten neigen. »Soziale Vererbung« nennt man diesen Vorgang, durch den emotionale Probleme an die nächste Generation weitergegeben werden.

Der hysterische Modus der Problembewältigung eignet sich besonders zur Manipulation anderer. Eine Mutter täuscht Herzbeschwerden vor, um ihre Tochter oder ihren Sohn zur Rücksichtnahme zu zwingen. Sie hat ein Problem und bedient sich der indirekten Botschaft. Möglicherweise will sie nicht allein bleiben oder den anderen ein schlechtes Gewissen machen oder Eifersucht auf einen Partner des erwachsenen Kindes überspielen. Jedenfalls will sie ihre Bedürfnisse nicht direkt, sondern mit Hilfe eines Theaterspiels übermitteln, und das bleibt letztlich für alle Beteiligten unbefriedigend.

Viele spüren, dass sie manipuliert werden, und sind wütend darüber. Es ist nicht leicht, sich offen gegen diese Art von Manipulation zu wehren. Man muss das Theater durchschauen und sich zur Wehr setzen. Dies setzt voraus, dass eine genügend starke Persönlichkeit entwickelt werden konnte. In einer extrem belasteten Familie ist das nicht leicht, zumal die destruktiven Manipulationen früh im Leben einsetzten, zu einem Zeitpunkt, als die Psyche des Kindes noch leicht zu irritieren war. Daher haben viele Schwierigkeiten, trotz offensichtlicher Vorspiegelungen den übertriebenen und egoistischen Ansprüchen eines Elternteils nicht nachzugeben. Massiv werden sie vor allem mit offenen oder versteckten Vorwürfen konfrontiert und mit der Erzeugung von Schuldgefühlen manipuliert. Nicht selten werden über materielle Zuwendungen emotionale Abhängigkeiten erzeugt.

Problematisch ist die Selbstgerechtigkeit des hysterischen Vaters oder der hysterischen Mutter. Sie haben keine Zweifel, dass sie die einzigen sind, die den richtigen Blickwinkel haben. Die Haltung ist daher meist: Ich bin o.k. – du bist nicht o.k. Ich weiß, was für dich gut ist. Die Klagen sind mannigfaltig:

- Niemand versteht, wie schlecht es mir geht.
- Niemand kümmert sich um mich.
- Niemand weiß, wie krank ich bin.
- Ich bin von dir sehr enttäuscht, weil du meinen Erwartungen nicht entsprichst.
- Ich bin traurig, weil du beruflich versagt hast, den falschen Partner geheiratet hast.

Hysteriker können äußerst bösartig, verletzend und kränkend sein, wenn sie verlassen werden und wenn erwachsene Kinder die Partnerersatzrolle nicht mehr akzeptieren. Sie stellen sich hilfloser, als sie sind, täuschen Krankheiten vor oder drohen sogar mit Suizid.

Die Kinder sind dafür zuständig, dass es dem Hysteriker gut geht, aber das ist unmöglich. Die Unzufriedenheit kommt, wie beschrieben, aus dem Innern der Psyche, da es ihnen nicht gelungen ist, ein erfülltes Leben selbst zu gestalten. Meist fühlen sie sich um Liebe betrogen und realisieren selten, dass sie allein mit ihrem Verhalten andere dazu brachten, sich von ihnen abzuwenden.

Hysterie und Esoterik

Der Wunsch, ohne eigenes Zutun bequem in eine bessere Welt zu gelangen, der Traum vom Schlaraffenland, wer kennt ihn nicht! Irgendwann im Leben eines Erwachsenen kommt dann die Zeit, wo dieser Traum in den Hintergrund tritt und die Erkenntnis sich breit macht, dass nur die Dinge, die man selbst tut, wirklich zählen, Wert haben und zufrieden machen können. Aber bei Hysterikern verschwindet dieser Wunsch nach Rettung und Befreiung nie völlig, weil sie sich in einer kindlichen, magischen Welt bewegen. Erlösungsfantasien dominieren ihre Gedankenwelt. Die Hinwendung zu spirituellen Zirkeln, esoterischen Gemeinschaften und Ähnlichem findet sich häufig. Ihre große Suggestibilität macht sie anfällig für alle möglichen Sekten und Gurus, die mit Heilsversprechungen aufwarten. Hier lassen sie sich leicht ausbeuten und geraten in Abhängigkeit.

Religion und Esoterik werden oft missbräuchlich verwendet, wenn erwartet wird, dass sich alle Wünsche mit Hilfe magischen Denkens erfüllen sollen. Eine Kernaussage jeder ernsten Religion lautet: »*Dein Wille geschehe.*« Damit kann der Glaube helfen, sich mit den Dingen abzufinden, die unabänderlich sind. Dies gilt vor allem für das Ertragen von Leid und Schmerz. Dies kann falsch ausgelegt werden, wenn alles als gottgegeben hingenommen und damit die Chance vertan wird, eigene Kräfte zu mobilisieren, um Missstände abzubauen.

Hysteriker haben, wenn überhaupt, dann eine besondere Beziehung zur Religion. Der Beobachter spürt eine gewisse Überheblichkeit und Exklusivität. Dieser Bereich entzieht sich der objektiven Bewertung, und so sind hier Tür und Tor für alle möglichen magischen Praktiken, Sensationen, Erscheinungen und spektakulären Ereignisse offen.

Am liebsten schlüpfen sie selbst in die Rolle des Wahrsagers, der Hexe oder des Magiers. Der Kontakt zur Realität geht leicht verloren, nach dem Motto: »*Die Geister, die ich rief, werd ich nicht mehr los.*« Nicht selten findet sich hier Skurriles, Extravagantes und Wahnhaftes, meist jedoch Harmloses bei den Betroffenen.

Gefühlsfalle Dramatisierung

Schon nach kurzer Zeit hatte Frau K. mit fast allen Pflegekräften der Fachklinik Streit. Besonders dem Arzt, der die Aufnahmeuntersuchung durchführte, setzte sie zu. Sie wechselte die Rolle: Einmal zeigte sie sich einsichtig und vernünftig, dann wieder beklagte sie trotzig und wütend die unverschämte Behandlung, aber schließlich erzielte sie erstaunliche Fortschritte in der Therapie. Sie stellte sich auf ihr Gegenüber ein und bot ihm die Rolle, mit der sie glaubte, ihrem Ziel näher zu kommen.

Die Frage ist: An welches Ziel? Das Ziel ist: glücklich sein, vollkommen glücklich sein! Ohne Anstrengung ins Paradies zu gelangen, dies ist die geheime Fantasie! Und wer trägt Schuld am eigenen Unglück? Der rücksichtslose Partner, der brutale Chef, die undankbaren Kinder! Frau K. klagt an und steigert sich in immer heftigere Vorwürfe. Zu beobachten ist, dass mit der Steigerung der Vorwürfe auch die Gefühle immer heftiger werden.

Dabei befindet sich die Patientin in einem dramatischen Teufelskreis. Voll Wut und Hass auf die Welt und auf ihr schweres Schicksal möchte sie das Glück gleichsam erzwingen. Sie sucht Schuldige und klagt an, als könnte die Hilfe von außen kommen, ohne dass sie nach ihrem Anteil an der Misere fragen müsste. Vor allem verliert sie immer wieder die Kontrolle über ihre Emotionen, insbesondere über ihre negativen Gefühle wie Wut und Hass.

Kontrollverlust über Gefühle

Menschen mit einer hysterischen Persönlichkeit verlieren leicht die Kontrolle über ihre Gefühle. Das macht das Leben unsicher und bringt Nachteile. Hysteriker können sich überschwänglich freuen und starke Glücksgefühle erleben. »Wer möchte das nicht, was stimmt hier nicht?« möchte man fragen. Nichts – wenn nicht Übertreibung oder Idealisierung die Ursache der starken Gefühle ist. Einige Beispiele:

- die absolute Liebe, der grandiose Partner;
- die fantastischen Freunde;
- die einzigartigen Kinder;
- die perfekteste Frisur, das tollste Event.

Diese übersteigerte Sicht trägt in der Realität wenig. Leicht kann aus dem fantastischen Partner ein Jammerlappen werden, den man verachtet, weil er den hohen Erwartungen nicht entspricht, weil er verletzte und kränkte. Starke Glücksgefühle können leicht in große Wut und Hass umschlagen. Jetzt wird das Negative dramatisiert und übertrieben. Übersteigerte Glücksgefühle führen auf eine rosarote Wolke, übertriebene Wut und Hassgefühle in die Hölle. Die Stimmung schwankt und kann leicht umkippen, oft ins Negative. Das Leben erscheint unsicher, die Betroffenen suchen Halt genau in den vertrauten Verhaltensweisen, also in weiteren Dramatisierungen, in weiteren bühnenreifen Auftritten, und bleiben so im Teufelskreis. Im Folgenden wird dieser Vorgang genauer untersucht.

Dramatisierungen führen leicht zum Kontrollverlust über Gefühle. Dieser Vorgang ist immer wieder zu beobachten. Betroffene können für ihre Emotionen nicht garantieren, sie fühlen sich unberechenbaren Schwankungen ausgeliefert. Nichtige Auslöser führen zu Unwohlsein, Verstimmungen und Ängsten. So leben die Hysteriker in dem Gefühl, sich selbst nicht trauen zu können. Dies bedeutet Gefährdung, Angst, Bedrohung, Zweifel – eine ständige Unsicherheit. Himmelhoch jauchzend – zu Tode betrübt: Die Gefühle sind oft der eigenen Steuerung entglitten. Eben war das Leben noch leicht und unbeschwert, jetzt ist die Stimmung umgeschlagen, weil eine leichte Irritation Angst und Panik verursacht. Der Vorhang zum Unbewussten ist bei Hysterikern dünn. Archaische Ängste (vor dem Dunklen und Bösen), Alpträume und Panikattacken werden häufig erlebt.

Verlust der Kontrolle über Angst

Menschen, die die Dinge nüchtern und realistisch sehen, laufen nicht so leicht Gefahr, die Kontrolle über ihre Gefühle zu verlieren. Hysterikern wird ihre blühende Fantasie immer wieder zum Verhängnis. Insbesondere sind ihre Ängste geeignet, sich in etwas hineinzusteigern, wie es die kluge Else vormacht: In der Vorstellung entstehen Katastrophen-Szenarien und werden immer beängstigender. Befürchtet werden aber nur Produkte der Fantasie.

Befürchtungen sollen eigentlich der Gefahr vorbeugen; man möchte »klug« sein und weitsichtig Gefahr und Angst vermeiden. Betroffene glauben, sich selbst beruhigen zu können, und möchten mit Grübeln möglichen Nachteilen aus dem Weg gehen. Solche Gedanken können aber Probleme nicht lösen; das kann nur reales Handeln. Die Fantasie produziert jedoch immer neue Eventualitäten, neue Gefährdungen, Klippen, Unsicherheiten, Tücken und Bedrängnisse, die allesamt vermieden werden sollen. Diese Methode – möglichst den Problemen aus dem Weg gehen zu wollen – kann nicht beruhigen, sondern bewirkt das Gegenteil! Alle möglichen Gefährdungen bilden sich ab, und immer neue Katastrophen tauchen am Horizont auf. Hier entsteht der Teufelskreis: Neue Ängste führen dazu, immer weiter zu denken und immer neue Lösungen suchen zu wollen. Die Angst wird stärker, kann nicht mehr beherrscht werden und gerät außer Kontrolle. Hysteriker verlieren leicht den Kontakt zur Realität und befürchten, verrückt zu werden. Verschiedene unrealistische Ängste verstärken sich gegenseitig und führen zu Panik oder panikartigen Zuständen. Sie sind leicht zu verunsichern, man kann sie leicht ängstigen, und sie lassen sich leicht von den Ängsten anderer anstecken. Sie sind äußerst empfänglich für Suggestionen. Hysteriker haben meist viele Phobien, also unrealistische Ängste: vor Tieren, ansteckenden Krankheiten, weiten Plätzen (Agoraphobie), engen Räumen (Klaustrophobie). Sie beobachten intensiv ihren Körper und neigen dazu, Körpersymptome zu dramatisieren, befürchten etwa, einen Herzinfarkt zu bekommen, zu ersticken, und sind nicht selten Hypochonder – eingebildete Kranke. Unter *frei flottierender Angst* versteht man Ängste, die sich plötzlich ohne erkennbaren Grund einstellen. Das Leben ist unsicher, unberechenbar – es besteht eine vage Angst vor dem Dunklen, Bösen und Gefährlichen.

Etwa drei Prozent der Bevölkerung leiden unter Panikattacken. Panik ist eine Episode starker Angst, die unkontrollierbar ist und mit Todesangst einhergeht. Die Panikattacke kommt plötzlich, wie aus heiterem Himmel. Sie löst verschiedene Körpersymptome aus, wodurch die Angst verstärkt wird. Die häufigsten Begleitsymptome sind: Schwindel, Enge in der Brust, das Gefühl, nicht genügend Luft zu bekommen, Herzrasen, Übelkeit, Zittern, kalter Schweiß, Kribbeln auf der Haut. Betroffene glauben, einen Herzanfall zu erleiden, und halten an dieser irrigen Vorstellung fest, wodurch sich das Paniksyndrom verschlimmert. Manchmal ist Panik mit dem sogenannten *Hyperventilationssyndrom* gekoppelt. Schnelles und tiefes Atmen bewirkt, dass sich durch Abatmen von Kohlendioxid der Säuregehalt des Blutes verändert. Dadurch vermindert sich der Kalziumgehalt im Blut, es entstehen muskuläre Verspannungen, zum Beispiel eine Pfötchenstellung der Hände.

Menschen, die an einer Panikerkrankung leiden, befürchten während der meist kurzen Episoden das Schlimmste und erleiden Todesängste. Besonders wegen der unangenehmen körperlichen Begleiterscheinungen halten sie an ihrer Überzeugung fest, lebensbedrohlich erkrankt zu sein. Sie wandern von Arzt zu Arzt, aber es ist keine organische Ursache festzustellen.

Die Panikattacke wird als dermaßen bedrohlich und verunsichernd erlebt, dass Betroffene alles tun, um eine Wiederholung zu vermeiden. Sie weichen immer häufiger Situationen aus, in denen Panik ausbrechen könnte. Sie trauen sich nicht mehr, allein oder ohne Medikamente das Haus zu verlassen. Der erste Schritt in der Therapie ist, darüber aufzuklären, dass es sich um eine Panikstörung, das heißt um ein psychisches und nicht um ein körperliches Problem handelt (letzteres ist selbstverständlich vorgängig von einem Internisten auszuschließen).

Verlust der Kontrolle über Wut und Ärger

Hysteriker verlieren leicht die Kontrolle über Wut und Ärger. Ihre »Szenen« sind gefürchtet, und es ist schwierig, sie zu beruhigen. Einmal in Rage, scheinen Aggressionen keine Grenzen mehr zu kennen. Hysteriker schießen oft weit über das Ziel hinaus und können erst später wieder zu einer sachlichen Wahrnehmung zurückfinden. Manchmal stellen sich nach einem solchen Wutanfall Schuldgefühle ein, weil der Betroffene seine Überreaktion doch realisiert hat. Oft zeigen Hysteriker aber keine Reue, sondern bleiben selbstgerecht und hochmütig.

> Frau W. wagt es, ihren Mann auf einen kleinen Fehler aufmerksam zu machen. Herr W. geht in keiner Weise auf die berechtigte Kritik ein, sondern kontert mit einem Feuerwerk von Vorwürfen und wird in seinen Vorhaltungen immer maßloser. Er kann Kritik nicht ertragen und steigert sich in starke Wutgefühle. Das eigentliche Problem scheint verschwunden, er hat abgelenkt von der Kritik seiner Frau und kritisiert sie nun seinerseits mit Verfehlungen, die weit zurückliegen.

Herr W. verliert leicht die Kontrolle über seine Wut, weil er ständig starke Wutgefühle hat, die er jedoch verbirgt. An manchen Tagen sucht und findet er Gründe, die er dann als Auslöser zum Ausagieren seiner inneren Wut benutzt. Kleine, geringfügige Schwierigkeiten lassen ihn explodieren. Seine Familie hat gelernt, ihm möglichst keine Veranlassung zu Ärger zu geben. Die Reaktion der Familie erscheint zunächst verständlich, aber sie verstärkt das Verhalten von Herrn W., denn er hat Erfolg mit seinen Wutausbrüchen. Deshalb wird es wahrscheinlich auch künftig solche Anfälle geben.
Herr W.s psychischer Apparat ist durch die starken Wutgefühle ständig überlastet. Er ist einem Zusammenbruch nahe. Er hat begonnen, Alkohol zu trinken, um sich zu beruhigen.

Wut kann also zur Problemlösung einsetzt werden. Aber vielfach ist sie nur ein Ersatz für eine echte Problemlösung. Herr W. sollte sich eigentlich mit den Hinweisen seiner Frau auseinander setzen und prüfen, ob sie berechtigt sind, und dann vielleicht Korrekturen vornehmen.

Wut und Ärger können wichtig und angemessen sein, etwa, wenn die eigenen Grenzen verletzt werden und es notwendig wird, sich zu wehren. Wenn Wut jedoch missbraucht wird, um sich vor unangenehmen Wahrheiten zu schützen, kommt es leicht zum Kontrollverlust. Die Realität wird nicht mehr erkannt, und Betroffene sehen sich immer häufiger einer bösen Welt gegenüber, die sie bekämpfen müssen. Die emotionale Stabilität schwindet, je stärker sie in diesen Teufelskreis geraten.

Der Beginn der Schwierigkeiten muss dort gesucht werden, wo aggressives Verhalten als Problemlöser missbraucht wurde. Hysteriker ertragen es nur sehr schlecht, wenn sie ihren Willen nicht durchsetzen können. Sie fühlen sich dann schnell ungerecht behandelt und reagieren mit Wut. Wenn dies nicht zum Erfolg führt, wird die Wut auch schon einmal bis zum Tobsuchtsanfall gesteigert.

Auch demonstratives Weinen (häufiger bei Frauen) muss als Ausdruck innerer Wut erkannt werden. Hinter den Tränen steht Wut und weniger echte Traurigkeit. Die Tränen dienen dem Ziel, eigene Bedürfnisse durchzusetzen; sie sollen Schuldgefühle erzeugen und Mitleid wecken. Hier ist zu erkennen, dass Tränen als Problemlöser missbraucht werden. Die Folge ist, dass Betroffene »nahe am Wasser gebaut haben«; sie weinen schnell, sogar, wenn sie dies mitunter selbst nicht wollen. Es handelt sich um ein unreifes Verhalten, das normalerweise in den Trotzphasen (2.–3. Lebensjahr und Pubertät) zu erwarten ist. Überwindung von Trotz gehört zu den Aufgaben jedes erwachsenen Menschen (vgl. auch die Bearbeitung des Autonomie-Abhängigkeitskonflikts im Anhang dieses Buches).

Die Angst vor dem Nichts

Die Symptome sollen vor allem die innere Leere ausfüllen. Immer wenn Freiräume entstehen, wenn keine feste Struktur vorhanden ist, etwa während der Freizeit, wird es für Hysteriker leicht unerträglich. Das Leeregefühl zwingt sie zum Handeln. Irgendetwas muss passieren; selbst Unfrieden ist besser, als die Leere zu ertragen. Die bekannte Wochenendneurose findet hier ihre Erklärung. Während der Woche bietet die Berufstätigkeit eine feste Struktur, Orientierung, Halt und Sicherheit, die dann am Wochenende fehlt. Die Symptome füllen diese Leere, man ist beschäftigt, etwa mit irgendwelchen Schmerzen, Ängsten, Problemen usw., die nur in der Fantasie existieren. Meist werden Familienmitglieder einbezogen, die sich sorgen und bestätigen müssen, dass es sich um wichtige und bedeutende Probleme handelt.

Die hysterische Depression

Die Folge einer hysterischen Entwicklung ist oft die hysterische Depression. Depressive Gedanken und Gefühle werden demonstrativ geäußert. Dem aufmerksamen Beobachter entgeht nicht, dass diese Patienten genau wahrnehmen, wie die Menschen um sie herum auf ihre Klagen reagieren. Dadurch bekommt ihr Verhalten einen unechten, theatralischen Charakter. Wieder ist der hysterische Modus zu erkennen. Sie spielen anderen, aber besonders sich selbst etwas vor. Die Zuschauer sollen bestätigen, dass es den Betroffenen wirklich schlecht geht.

Das Theatralische stößt oft auf Ablehnung, Abwertung und Zurückweisung. Hysteriker antworten darauf aber mit neuen, stärkeren Symptomen. Vor allem hören sie die Forderung, die Symptome einfach abzustellen. Dies ist weder angemessen noch möglich. Sie sind tatsächlich krank und unfähig, allein aus ihrem Dilemma herauszufinden.

Die multiple Persönlichkeit

Die Fähigkeit, sich auf verschiedene Menschen schnell einzustellen und die unterschiedlichsten Rollen zu spielen, vermittelt in manchen Fällen den Eindruck, dass in ein und derselben Person unterschiedliche Persönlichkeiten vorhanden seien. Der Begriff »multiple Persönlichkeit« wurde in der Forschung und in den Medien vielfach diskutiert. Man ging von der Annahme aus, dass ein Betroffener dauernd seine Identität wechselt und dass verschiedene Persönlichkeiten in ihm wohnen. Insgesamt entzieht er sich mit diesem Verhalten der Verantwortung. Für sein Gegenüber ist diese Person nicht erreichbar, weil sich Verbindlichkeit im Kontakt nicht einstellen will. Immer wenn es konkret werden könnte, wenn in einem bestimmten Zusammenhang eine Absprache getroffen werden sollte, wird die Rolle gewechselt, sodass eine neue Person zunächst für Verwirrung sorgt und ein neues Spiel beginnt. Diese schweren Formen gestörter Persönlichkeit finden sich oft bei Menschen, die dramatische seelische Verletzungen wie etwa sexuelle Traumatisierung erleben mussten. Neuere Untersuchungen haben allerdings gezeigt, dass die Annahme, verschiedene Persönlichkeiten befänden sich in ein und derselben Person, der Lebenswirklichkeit nicht gerecht wird. Eher ist davon auszugehen, dass es sich um eine hysterische Symptomatik handelt. Unterschiedliche Rollen werden gespielt, die sich meist auf ein früheres Lebensalter oder andere Lebensumstände der Person beziehen.

Depersonalisation – die Frage »Bin ich's?«

Else ist leicht in den Grundfesten ihrer Persönlichkeit zu erschüttern. Es war ausreichend, ihr ein Vogelgarn mit Schellen umzuhängen. Sie reagiert mit Panik und ist desorientiert. Sie findet sich selbst nicht mehr und weiß nicht mehr, wer sie ist. Sie fragt sich: »Bin ich's oder bin ich's nicht?« Sie glaubt, in einem bösen Traum zu sein; alles ist fremd und unwirklich. Sie verliert den Kontakt zum Boden, auf dem sie sicher stehen kann. In der Fachsprache nennt man dieses Problem *Depersonalisation*. Betroffene befürchten, verrückt zu werden, und verstärken das Problem, indem sie sich in immer größere Angst und Panik hineinsteigern. Else verliert das Vertrauen in ihre eigene Wahrnehmung. Sie fühlt sich fremd in sich selbst und weiß tatsächlich nicht, wer sie ist. Sie tut alles wie mechanisch, ohne eigene Logik.

Elses labile Psyche brauchte schon immer die ständige Rückversicherung, dass sie beschützt und behütet ist. Deshalb ist klar, dass sie auch in dieser Stresssituation die Hilfe von außen erwartet: »*Die anderen werden es mir schon sagen ...*« Else findet die Sicherheit nicht in sich, sondern sucht den Halt in anderen Personen.

Hans, der ihr die Schellen umhängt, bringt damit zum Ausdruck, dass er das Problem zumindest intuitiv verstanden hat. Er hat es aufgegeben, ihr helfen zu wollen. Dies ist für Angehörige ein wichtiger Hinweis. Die Forderung, dass die Hilfe von außen kommen muss, ist ein Bestandteil der Störung. Wirkliche Unabhängigkeit lässt sich aber so nicht erreichen. Betroffene müssten lernen, ihre Probleme selbst zu lösen. Wenn es um die Heilung geht, dann wird besonders zu verstehen sein, dass es um diesen grundlegenden Irrtum geht: Nicht die anderen sind das Problem, sondern der Betroffene selbst. Solange er die Lösung also von anderen fordert, dreht er sich im Kreis.

Die Frage »*Wer bin ich?*« wird von vielen Menschen gestellt und tritt in Verbindung mit Persönlichkeitsstörungen häufig auf. Depersonalisation kann kurzfristig in Verbindung mit einer Panikattacke entstehen und wieder abklingen. Sie besteht aus einem Gefühl der Unwirklichkeit und des Fremdheitserlebens.[11] Zur Depersonalisation gehört vor allem Gefühllosigkeit, die sehr irritierend ist. Betroffene haben das Gefühl, neben sich zu stehen, alles wie von außen zu beobachten. Sie glauben, die Sprache nicht mehr zu beherrschen, sich nicht mehr bewegen zu können, sich nicht erinnern zu können, oder überlegen, ob ihre Gefühle tatsächlich aus ihnen selbst kommen, weil sie fremd erscheinen. Die Person hat sich von der überfordernden Realität abgespalten (dissoziiert). Die Sorge, dass es sich um eine Geisteskrankheit handeln könnte, ist meist unbegründet, wenn das Phänomen im Zusammenhang mit einer Panikattacke entstanden ist. Viele Menschen erleben diese Phänomene mindestens einmal im Leben, meist in Verbindung mit Überforderung.

Die Geschichte von der klugen Else geht nicht gut aus. Else findet sich nicht mehr zurecht und erlebt überall Zurückweisung, wo sie auch anklopft. Tatsächlich verlaufen die Krankengeschichten der Patienten mit hysterischer Persönlichkeitsstörung nicht selten leidvoll. Am Ende heißt es: »*... und niemand hat sie wieder gesehen.*« Früher oder später, oft um die Lebensmitte, brechen die wackeligen hysterischen Lebensgebilde zusammen. Wenn die

Lebenslügen zerplatzen, kommt es zu Nervenzusammenbrüchen und oft bleibt nur noch die Flucht in die Krankheit. Jetzt soll das Gesundheitssystem die Rettung übernehmen. Da jedoch alle, die sich um Rettung bemühen, zum Scheitern verurteilt sind, stehen die neuen Schuldigen schon fest.

3

DIE HEILUNG

Die (Er-)Lösung im Märchen

Wenden wir uns noch einmal dem Märchen zu und lassen den Ablauf an uns vorüberziehen. Warum ist niemand auf die Idee gekommen, einfach die Hacke zu entfernen und damit jeden Schaden von vornherein zu verhindern? Eine viel zu einfache Lösung! Was wäre aus dem Theater geworden? Hätte etwa die Magd oder der Knecht sich getraut, die Hacke zu entfernen, wie blamiert wäre Else gewesen! Man hätte nicht mehr sagen können, dass sie klug ist, sondern die Frage stellen müssen, warum sie nicht selbst darauf kam. Damit wäre sie beschämt worden, aber das darf nicht geschehen. Allen Beteiligten ist das Muster hinlänglich bekannt. Es ist typisch für Else, dass sie Probleme auf ihre Weise bewältigt und niemand sich traut, realistisch zu denken und zu handeln. Aber genau da liegt die Lösung – es bedarf der Realität! Die erste Frage, die zu stellen ist, lautet: Worum geht es denn eigentlich? Bei der klugen Else wurde dies bereits herausgearbeitet: Es geht um die unfertige Persönlichkeit, die zur Reife noch nicht in der Lage ist. Es geht um Verwöhnung und um eine bequeme Haltung, die im Leben einer erwachsenen Frau zu großen Problemen führen muss. Und es geht um die Frage, wie Else mit ihren Unzulänglichkeiten umgeht, wie sie versucht, ihre Defizite auszugleichen. Es ist deutlich geworden, dass ihr Theaterspiel den inneren Mangel – besonders ihre Angst, nicht zu genügen, und ihre Angst vor Zurückweisung – verbergen soll.

Bewusstheit ist das Eigentliche, das hysterischen Menschen helfen kann. Immer wieder finden sie sich vor dem Bierfass ein und erleben Emotionalisierung und Dramatisierung. Das Bild von der klugen Else kann, wenn ein Hysteriker ernsthaft den eigenen unrealistischen Verhaltensweisen auf den Grund gehen will, äußerst hilfreich sein. Er wird sich selbst dabei ertappen, wenn er gerade dabei ist, sich wieder einmal in etwas hineinzusteigern. Dies sollte möglichst früh geschehen, bevor es zu einer Eskalation und damit zu einem Verlust der Gefühlskontrolle kommt. Wenn die Situation bereits eskaliert ist, fällt es schwer oder es ist unmöglich, wieder zu einer realistischen Sicht der Dinge zurückzufinden. Menschen mit einer hysterischen Persönlichkeit tun gut daran, sich um einen realistischen Blickwinkel zu bemühen. Manchmal erscheint es einfacher, sich in ein Drama hineinzusteigern, weil man sich ja für klug hält! Salopp möchte man sagen: »Die kluge Else lässt grüßen!« Aber wer möchte schon sein wie sie, und daher wird die kluge Else zum abschreckenden und hoffentlich auch hilfreichen Beispiel. Es ist besser, in Analogie zum Märchen die Frage zu stellen: Wo ist die Hacke? Und: Wie kann ich sie selbst entfernen?

Märchen gehen immer gut aus – ein Charakteristikum dieser Literaturgattung. Nach langen Irrwegen findet sich die Rettung darin, dass alle Widerstände überwunden werden, und meist kommt es zu einer glücklichen Wendung; das Gute siegt, das Böse wird vernichtet.

Betrachten wir die Geschichte von der klugen Else noch einmal aus gewissem Abstand, dann keimt der Verdacht auf, dass sich die Geschichte in etwa so zugetragen haben könnte und dass es sich nicht um ein typisches Märchen handelt. Vielmehr haben wir es mit einer Fallgeschichte zu tun, die wegen ihrer Skurrilität bei den Märchen gelandet ist.

Bei der Hysterie handelt es sich ebenso wie bei einem Märchen um traumnahe Inszenierungen. Beide stammen aus der gleichen Seelenschicht. Märchen finden für die Heldin oder den Helden immer eine Lösung, aber für die kluge Else scheint es sie nicht zu geben. In dieser Hinsicht handelt es sich offensichtlich um eine Ausnahme. Else wird irre und verliert sich selbst vollständig – für sie ein dramatisches Ende.

Will man Märchen tiefer verstehen, muss man die Bilder hinterfragen und ihre Aussage begreifen. Wenn man ein Märchen insgesamt verstanden hat, fügt sich alles in ein logisches Ganzes. Es lohnt sich, hartnäckig zu bleiben und nach der Lösung zu forschen.

Das Märchen *Die kluge Else* antwortet tatsächlich auf die hysterische Problematik und weist traumwandlerisch sicher den Weg auch für die Heilung. Wir finden sie nicht am Ende, sondern etwas früher, nämlich an der Stelle, wo Else vor ihrem Haus steht und fragt, ob die Else schon drinnen sei. Die Antwort ist bekannt, Hans antwortet: »Ja … sie ist drinnen.«[12] Das ist die Lösung: *Sie ist drinnen.* Sie wird nicht zurückgewiesen und muss nun keine Angst mehr vor Zurückweisung haben.

Dies bedeutet, dass sie sich gleichwertig fühlt. Sie hat gegenüber Hans kein Minderwertigkeitsgefühl mehr. Sie braucht nicht mehr zu kämpfen und kann friedlich und zufrieden Seite an Seite mit ihm leben. Sie hat den Irrglauben aufgegeben, weniger wert zu sein und Angst vor Zurückweisung haben zu müssen. Sie braucht nichts mehr zu beweisen, denn beweisen muss nur der, der noch überzeugen muss und nicht an sich selbst glauben kann. Es gibt jedoch nichts zu beweisen, weil Gleichwertigkeit der natürliche Zustand und damit eine Selbstverständlichkeit ist.

Dies lässt sich an einer recht bekannten Geschichte verdeutlichen. Sisyphus war nach der griechischen Sage dazu verdammt, jeden Tag, solange die Sonne schien, einen Stein den Berg hinaufzurollen, aber sobald die Sonne untergegangen war, rollte der Stein wieder hinunter. Am nächsten Tag musste Sisyphus denselben Stein wieder hinaufrollen. Genauso ergeht es jedem, der sein Selbstwertgefühl erarbeiten will. Mit viel Mühe versucht er, etwas Besonderes zu erreichen oder einem Ziel näher zu kommen. Allein, das ist nicht möglich. Sobald er sich auf der Höhe wähnt, rollt der Stein wieder hinunter, und er muss von vorn beginnen. Selbstwertgefühl kann nicht erarbeitet oder erkämpft werden, entweder man verfügt darüber oder nicht. Wenn man glaubt, es nötig zu haben, Selbstwertgefühl zu erarbeiten, ist es schon zu spät. Man gerät in den Teufelskreis, den die Sage so eindrücklich schildert.[13]

In der Hysterie spiegelt sich wie gesagt der Kampf zwischen den Geschlechtern wider. *Gleichwertigkeit in Verschiedenheit* wäre die sinnvolle Formulierung, die beides akzeptiert: Gleichwertigkeit von Mann und Frau und gleichzeitig Unterschiedlichkeit, die es naturgemäß geben muss. Während der vergangenen Jahrzehnte wurde um die Gleichwertigkeit insbesondere der Frau gekämpft, mit zum Teil erheblichen Nachteilen, insofern das Gegenteil von dem erreicht wurde, was beabsichtigt war. Frauen in Leitungspositionen glauben heute nicht selten, besonders durchsetzungsfähig und kämpferisch sein zu müssen. Je radikaler der Kampf um die Gleichberechtigung, desto größer die Schwierigkeiten. Es muss ein gemeinsames Anliegen sein, Ungerechtigkeiten zu beseitigen und gegenseitige Abwertungen zu beenden.

Das Ziel ist: Else ist gleichwertig, und sie lebt in diesem sicheren, für sie selbstverständlichen Gefühl. In der Therapie wird es darum gehen müssen, warum diese Selbstverständlichkeit nicht gegeben ist. Wie kam es zu der Entwicklung ungünstiger Strategien, die immer wieder das Gegenteil dessen bewirkten, was angestrebt wurde?

Ich genüge immer, trotz aller Unvollkommenheit! – das ist die gelebte Haltung eines Menschen mit einem stabilen Selbstwertgefühl. Es kann sein, dass er sich irrt, an einigen Stellen Schwächen hat, dass er Krisen oder Scheitern erlebt. Dies alles ist kein Anlass, von der tiefen Überzeugung abzuweichen, grundsätzlich als wertvoller Mensch zu genügen. Fehler, Misslingen, Krisen, Rückschläge gehören ebenso zum menschlichen Leben wie Erfolg und Glück. Wer Schwierigkeiten als Herausforderung und Aufgabe begreift, weiß, dass wir diese brauchen, um zu reifen und zu wachsen.

Die Angst vor Zurückweisung ist oft ein Relikt aus der Kindheit. Man kann ihr nicht entgehen, sondern nur bewusst begegnen und sie überwinden: durch Trauerarbeit und Arbeit an sich selbst. Es ist der tiefe Glaube, nicht zu genügen, der die typische innere Spannung verursacht, die zum Handeln drängt. Die Frage ist, wie es gelingen kann, aus dem Teufelskreis auszusteigen.

Was Menschen mit einer hysterischen Persönlichkeit helfen kann

Im Folgenden werden verschiedene Strategien aufgezeigt, die dazu beitragen können, die destruktiven Verhaltensweisen bei Hysterikern zu verändern. Ausgehend von den beschriebenen Schwierigkeiten hilft Betroffenen alles, was zu echteren Gefühlen, zu stabileren Beziehungen und zu verbessertem Realitätsbezug führt. Es bedarf einer gründlichen Veränderung des gesamten Lebens. Dies ist nur in kleinen Schritten möglich und wird daher voraussichtlich längere Zeit in Anspruch nehmen.

Zunächst ist viel gewonnen, wenn Betroffene erkennen, dass sie selbst ein Problem haben, und beginnen, sich in Frage zu stellen. Hilfreich kann hier die Lektüre dieses Buches sein. Die Auseinandersetzung mit dem Krankheitsbild führt zu einer Selbstdiagnose. In vielen Fällen ist es angemessen und hilfreich, psychotherapeutische Hilfe in Anspruch zu nehmen.

In Form einer kurzen Übersicht werden die wesentlichen Problembereiche benannt:

- Es gilt, die Angst vor Zurückweisung zu verstehen. Sie ist den Betroffenen meist nicht bewusst.
- Wenn das eigene Verhalten selbstkritisch hinterfragt wird, kann die Fähigkeit, das hysterische Muster zu erkennen, entwickelt werden.
- Es gilt, die Neigung zu Dramatisierungen zu bearbeiten und abzubauen.

- Das hysterische Spiel wird durch klare Konfliktlösungen ersetzt.
- Destruktive emotionale Abhängigkeiten wollen überwunden werden.
- Da viele Menschen mit einer hysterischen Struktur unter den Folgen von Verwöhnung leiden, geht es um eine Form der heilsamen Selbsterziehung. Das bisherige Motto lautet: Bedürfnisbefriedigung sofort – künftig wird es eher um Verzicht gehen, denn oft ist Verzichten mehr.
- In jeder Psychotherapie stellt sich die Sinnfrage. Sie zu lösen gibt dem Leben nicht nur eine neue Richtung, sondern auch Tiefe.

Das hysterische Muster erkennen

In der Therapie können Menschen ihr Handlungsmuster kennen lernen, das sie immer wieder zur Problemlösung einsetzten. Sie sehen, dass Theaterspielen, Sich-in-Szene-Setzen, Auffallen-Wollen-um-jeden-Preis ihre Methode ist, ihrem tiefen Selbstzweifel, dem Gefühl, nicht bedeutend zu sein, entgegenzuwirken. Sie müssen die geradezu panische Angst, nicht wichtig zu sein, durchschauen. Dies ist meist mit Schwierigkeiten verbunden, weil die Verhaltensweisen nie hinterfragt wurden. Sie gehören zur Persönlichkeit, und so erscheint Veränderung zunächst unmöglich oder gar nicht notwendig. Vielmehr sollen sich die Umstände, insbesondere andere Personen, ändern, damit die Zufriedenheit sich ohne Anstrengung einstellt.

Während einer tiefenpsychologischen Therapie wird die Entwicklungsgeschichte bearbeitet und möglichst verstanden. Es ist wie auf einer Entdeckungsreise, bei der ein Mensch begreift, dass er bestimmte Verhaltensweisen einsetzen musste, obwohl sie unglücklich machen. Dies ist mitunter schmerzhaft, aber unumgänglich. Nur wenn Leid immer unerträglicher wird, wächst das Bedürfnis, Hilfe zu suchen.

Immer geht es um eine Nachreifung der Persönlichkeit. Wenn wir uns fragen, was die kluge Else benötigte, um ihre Schwierigkeiten zu lösen, dann würde sich ein weites Feld mit vielen Aufgaben auftun.

Zunächst fällt ihre bequeme, verwöhnte Haltung auf. Sie ist kindlich geblieben, und ihr fehlen Reife und Selbstverantwortung.

Frau W. wirkt kindlich, sie spielt das kleine Mädchen. Auch ihre Kleidung entspricht nicht der einer über vierzigjährigen Frau, sondern der eines Teenagers. Eigentlich verfügt sie bereits über viel Lebenserfahrung. Sie ist seit vielen Jahren berufstätig, hat zwei Kinder und lebt nach ihrer Scheidung in einer neuen Partnerschaft. Sie beschreibt sich selbst als ängstlich und unsicher. Bei der Untersuchung der Ängstlichkeit wurde eine allgemeine Angst vor dem Leben deutlich. Diese Angst veranlasste sie, in die Rolle eines kleinen, verletzlichen Mädchens zu schlüpfen. So glaubt sie, sich vor Angriffen und Konfrontationen schützen oder zumindest ihnen vorbeugen zu können. Oft ärgert sie sich über sich selbst, wenn sie sich z.B. dabei ertappt, so klein und hilflos zu wirken. Bisher gelang ihr jedoch nicht, dies zu ändern. Im Kontakt mit Männern und Vorgesetzten verstärkt sich das Problem.

Bei der therapeutischen Bearbeitung ihrer Schwierigkeiten fiel eine starke Verwöhnung durch den Vater auf. Er liebte es, sie in dieser niedlichen Rolle zu sehen. Sie war seine kleine Prinzessin.

Nachdem Frau W. dies erkannt hatte, arbeitete sie mit Nachdruck an einer Veränderung. Eine Übung, die sie täglich durchführte, erwies sich als besonders wirksam: Sie erhielt den Auftrag, sich vor den Spiegel zu stellen, sich selbst ernst in die Augen zu schauen und laut zu sagen: »Ich bin eine Frau!« Dabei sollte sie auf das Gefühl achten, das sich bei dieser Übung einstellte. Um jegliche Irritation auszuschließen, führte sie die Übung durch, wenn sie nicht beobachtet werden konnte. Allmählich wurde das Gefühl dafür, eine Frau zu sein, selbstverständlicher, und sie fühlte sich in Kontakten gleichberechtigter und sicherer. Frau W. sagte sich diesen Satz immer wieder vor, z. B. bevor sie ein Gespräch mit Vorgesetzten begann oder sonst eine schwierige Situation zu bewältigen hatte, in der es um Selbstbehauptung ging.

Zu beobachten sind bei der hysterischen Struktur zwei Richtungen: Frau W. stellte sich künstlich klein, kindlich und hilflos. Eine andere Variante besteht darin, sich künstlich groß, selbstsicher und stark zu machen. Beide Varianten können einander abwechseln.

Das Theaterspiel beenden

In gewisser Weise ist jeder Mensch auch ein Schauspieler, der verschiedene Rollen einnehmen muss, um in einer Gemeinschaft leben zu können. Manchmal verlangen es einfach die gesellschaftlichen Regeln, dass wir höflich bleiben, obwohl uns nicht danach zumute ist.

Für Menschen mit einer hysterischen Struktur gehört das Theaterspielen zu ihnen wie die Farbe ihrer Augen oder ihre Figur. Solange sie bestimmte Rollen spielen, bleiben sie auf Äußerlichkeiten fixiert und werden in Beziehungen nicht wirklich glücklich werden. Es ist daher sinnvoll, bestimmte Rollen, die dauerhaft zu Nachteilen führen, kritisch zu hinterfragen. Dafür ist es notwendig, Bewusstheit herzustellen, also sich selbst zu beobachten und darüber nachzudenken. Die Liste der typischen Rollen ist lang, weil der menschlichen Fantasie keine Grenzen gesetzt sind; es können nicht alle Erwähnung finden. Im Folgenden sind nur einige aufgeführt:

- Ich bin klein und schwach.
- Ich bin besonders wichtig.
- Ich bin perfekt.
- Ich bin müde, ich habe Migräne.

- Ich bin beleidigt.
- Ich bin klug.
- Ich weiß nicht Bescheid.
- Ich bin hilflos.
- Ich habe zu viel Angst.
- Ich bin nicht schön.
- Keiner mag mich.
- Ich bin hässlich.
- Ich bin so krank.
- Ich schmolle.
- Ich bin ein hilfloses Mädchen / ein kleiner Junge.
- Ich bin so sexy.
- Ich bin völlig verzweifelt.
- Ich bin der/die Klügste.
- Ich bin allen überlegen.

Wichtigstes Ziel ist, dass jemand sich über die Folgen seines Verhaltens klar wird und selbst bestimmen kann, welche Rolle er gerade spielen will oder nicht.

Problematisch sind Rollen, die ausdrücken: »*Ich bin kleiner als ich in Wirklichkeit bin*«, oder: »*Ich bin größer/perfekter/klüger, als ich in Wirklichkeit bin.*« Es geht darum, echter und authentischer zu werden und auf Manipulationsversuche zu verzichten.

Für Menschen mit einer hysterischen Persönlichkeit sind verschiedene Rollen *ichsynton*. Sie spielen eine Rolle und glauben, dass sie echt sei. Sie lassen sich nicht etwa vom Gegenteil überzeugen. Ihre Chance besteht darin, dass sie sich selbst auf die Schliche kommen. Dazu gehört Mut, denn zunächst werden sich ihre Ängste voraussichtlich verstärken: die Angst, nicht wichtig zu sein, die Angst, nicht genügend zu wirken, und typischerweise wieder die Angst vor Zurückweisung.

Der erste Schritt besteht zunächst darin, den Blick nach innen zu richten und die eigenen Verhaltensweisen zu beobachten. Alle gleichzeitig zu ändern wird nicht möglich sein. Zunächst wollen sie tiefer verstanden werden.

Frau K. hatte viele Affären, insbesondere mit verheirateten Männern. Während der Therapie beklagt sie eine große Unzufriedenheit darüber, keine feste, befriedigende Beziehung führen zu können. Sie habe nie Probleme, schnell eine Partnerschaft einzugehen und intim zu werden. Jetzt habe sie wieder eine Beziehung zu einem verheirateten Mann begonnen und befürchte, dass es wie üblich bald zu einer Trennung kommt.

Bei der Bearbeitung der aktuellen Beziehung wird deutlich, dass es ihr insbesondere um Nervenkitzel geht. Besagter Partner geht ein hohes Risiko ein, um mit ihr zusammen zu sein. Er tut dies für sie und zeigt ihr damit, dass sie ihm sehr wichtig ist. Davon ist Frau K. wie berauscht. Gerade dieses Gefühl, wichtig zu sein, wertvoll zu sein und verehrt zu werden, lässt sie daran glauben, die ideale Partnerschaft gefunden zu haben. Sie blendet aus, dass sie auch in dieser Beziehung einen hohen Preis zahlt.

Wichtig sein, sich aufgewertet fühlen ist das, was Frau K. immer wieder sucht. Tief in ihrem Inneren glaubte sie nicht daran, wertvoll und wichtig zu sein; sie sucht die Bestätigung immer wieder von außen. Darin ist sie unersättlich, denn letztlich will sich dauerhafte Zufriedenheit nicht einstellen.

Für Frau K. ist es ein neuer Aspekt, dass sie ihre eigentlichen Bedürfnisse mit ihrem Verhalten nicht befriedigen kann. Ihr wird der Teufelskreis deutlich, den sie selbst, ohne es zu wollen, in Gang hielt. Sie versteht, dass es sinnvoll ist, an sich selbst zu arbeiten, und ist für die Therapie motiviert.

Ziel der Therapie ist es, das Hysterische hinter sich zu lassen. Dazu ist es erforderlich, ein neues Leben zu beginnen.

Im Folgenden werden Methoden besprochen, die der Bewältigung typischer Probleme dienen. Zunächst ist es sinnvoll, etwas über die Entstehung von Gefühlen zu erfahren.

Rational-emotionale Therapie

Der amerikanische Psychologe Albert Ellis entwickelte eine wirksame Therapiemethode, die sich an den Weisheiten der Stoiker, einer antiken Philosophenschule, orientiert. Epiktet erkannte sehr entscheidende Zusammenhänge zwischen Denken und Fühlen. Der Schlüsselsatz lautet: *»Nicht die Dinge beunruhigen uns, sondern wie wir über die Dinge denken.«* Damit ist klargestellt, dass allein unser Denken, unsere Einstellung, unser Blickwinkel uns zu Gefühlen führt. Ellis erkannte, dass Übertreibungen und Dramatisierungen zu überwertigen Gefühlen führen. Ein weiteres Problem sind nach seiner Meinung absolute Forderungen, also Erwartungen, die schlichtweg unrealistisch sind.

Dramatisierungen erkennen und vermeiden

Die Neigung hysterisch strukturierter Menschen, sich in ihrer Fantasie zu verlieren, ist ausführlich beschrieben. Für sie ist es wichtig, sich darum zu bemühen, Übertreibungen zu vermeiden. Übertriebene Gedanken führen zu übertriebenen Gefühlen. An folgendem Beispiel lässt sich dies demonstrieren:

- Jemand sagt, das Wetter ist *»scheußlich, unerträglich, furchtbar, eklig, widerlich, grässlich, entsetzlich …«*
- Ein anderer meint zum gleichen Wetter: *»Es ist nicht sehr schön draußen.«*
- Ein dritter meint, *»andere mögen dieses Wetter nicht, ich fühle mich dabei richtig wohl.«*

Im ersten Fall liegt offensichtlich eine Übertreibung vor. Wer übertreibt, sorgt dafür, dass auch die Gefühle sehr stark werden. In der Fachsprache bedeutet dies: Ein Faktum wird *emotionalisiert.* In diesem Fall wird das Wetter emotionalisiert. Die Folge ist, dass das Wetter die Stimmung beeinträchtigt. Alles Erdenkliche eignet sich zur Emotionalisierung; der Fantasie sind hier keine

Grenzen gesetzt. Beliebt sind vermeintliche oder tatsächliche Ungerechtigkeiten, die übersteigert wahrgenommen werden, Skandale und Regelverstöße, die sich zum Aufbauschen eignen.

Im zweiten Fall ist zu erkennen, dass hier jemand seine Meinung zum Wetter mitteilt. Seine Gefühle werden wahrscheinlich nicht so stark vom Wetter bestimmt.

Im dritten Fall wird zum Ausdruck gebracht, dass jemand genau dieses Wetter mag. Es löst bei ihm ein positives Gefühl aus.

Wenn jemand etwas dramatisiert, dann ist sinnvollerweise die Frage zu stellen: *Was steckt dahinter, worum geht es eigentlich?* Eventuell steckt die Absicht dahinter, von etwas anderem abzulenken. Manchmal wird eine Situation, die bedrohlich werden könnte, intuitiv erfasst und etwas inszeniert, das vom Eigentlichen ablenkt, wie dies auch bei der klugen Else zu beobachten war.

Wer übertreibt, will vielleicht wichtig sein, er will besondere Aufmerksamkeit auf sich ziehen, sein Gegenüber beeindrucken. In seinem Verhalten ist eine verborgene Botschaft versteckt, welche es zu entdecken gilt. Wieso – möchte man fragen – ist Wichtigkeit ein so großes Bedürfnis? Erst vor dem Hintergrund unserer Überlegungen wird es deutlicher: Der Glaube an den eigenen Wert fehlt. Besondere Wichtigkeit versucht nur der herzustellen, der nicht glauben kann, dass er schon wertvoll ist. Wer sich sicher und wohl in seiner Haut fühlt, bleibt gelassen, er muss nichts demonstrieren. Hier gilt es in der Therapie anzusetzen. Hysteriker müssen andere immer wieder dazu bringen, ihnen zu versichern, dass sie wichtig sind. In gewisser Weise ist es normal, dass jeder für andere wichtig sein möchte, denn jeder strebt nach Bedeutung. Wer aber zu starken Übertreibungen neigt, dieses Verhalten häufig bei sich selbst beobachtet und deswegen immer wieder Nachteile und Konflikte erlebt, sollte möglicherweise psychotherapeutische Hilfe in Anspruch nehmen.

▶ Nimm das Drama heraus! ◀

Dies ist der wichtige Satz, den Betroffene mit einer hysterischen

Persönlichkeitsstruktur sich selbst immer wieder sagen sollten. Zu betonen ist dabei die Notwendigkeit, dass sie selbst diesen Satz zu sich sagen müssen. Es ist der einzige Weg, unabhängiger von anderen zu werden. Die meisten Menschen mit einer hysterischen Struktur haben häufig einen *Beruhiger* (Partner, Kinder, Freunde usw.) in ihrer Nähe, der sie wieder auf den Boden herunterholen soll. Das Ziel des Heilungsprozesses ist die Fähigkeit, sich selbst zu beruhigen.

Jeder, der sich in Dramatisierung stürzt, erzeugt starke, übertriebene Gefühle. Er wird diesen Gefühlen ausgeliefert sein und leicht die Kontrolle über sie verlieren. Es gilt, die eigenen Gedanken zu kontrollieren und einen realistischen Blickwinkel zu bewahren oder zu finden. Bestimmte Gedanken können beruhigend wirken:

- Ich werde ruhig abwarten, wie sich die Dinge entwickeln.
- Manchmal lassen sich unangenehme Situationen nicht vermeiden.
- Ich kann nichts erzwingen.
- Es wird immer eine Lösung geben.
- Jeder Konflikt bietet Gelegenheit zu reifen.

Wenn Gedanken be*un*ruhigen können, bedeutet dies auch, dass Gedanken beruhigen können. Man muss nur den Mut haben, auf die beunruhigenden Gedanken zu verzichten, um sie durch realistische zu ersetzen. Dies bedeutet nicht, dass man sich vor Verantwortung drücken sollte, im Gegenteil.

Die Erfahrung zeigt, dass es mitunter wie von selbst geschieht, dass plötzlich starke Gefühle, Ängste oder Wut aufkommen, die sich kaum beherrschen lassen. In diesen Fällen ist es sinnvoll, nach Übertreibungen wie »furchtbar«, »unerträglich«, »abscheulich«, »widerwärtig«, »himmelschreiend« u. Ä. zu suchen.

Wer sich in starke Gefühle gesteigert hat, dem ergeht es wie der klugen Else. Er glaubt, klug und vorausschauend zu sein, daher fällt es ihm schwer, die Übertreibungen und Dramatisierungen zu erkennen und loszulassen.

Bestimmte Gedanken und Denkmuster stellen sich immer wieder automatisch ein, deshalb führen sie zu unliebsamen Gefühlen wie Angst, Wut oder Niedergeschlagenheit. Meist sind es bestimmte Auslöser, die zur *Kettenreaktion* führen.

> Sobald Frau J. an ihren untreuen Ehemann denkt, von dem sie bereits seit sieben Jahren getrennt lebt, gerät sie in starke Wut.
> Herr A. spürt immer einen Kloß im Hals, wenn er an einen bestimmten Kollegen denkt.
> Frau L. wird eifersüchtig, wenn ihr Mann sich mit einer anderen Frau unterhält.

Diese Gefühle, die sich wie automatisch einstellen, sind nur schwer zu beeinflussen, weil meist tiefere Probleme die Ursache sind. Frau J. fühlt sich immer noch gekränkt und verletzt und konnte ihrem Mann seine Untreue nicht verzeihen. Ähnliches gilt für Herrn A., der seinen Ärger über einen Kollegen immer herunterschluckte. Frau L. hat Minderwertigkeitsgefühle gegenüber anderen Frauen, die sie dazu bringen, eifersüchtig auf sie zu werden. Um diese Gefühle zu beeinflussen, ist es notwendig, den eigentlichen Konflikt zu verstehen, zu bearbeiten und zu lösen.

Vermeidung absoluter Forderungen

Neben Dramatisierungen sind es auch absolute Forderungen, die emotionale Probleme bereiten. Woran erkennt man absolute Forderungen? *»Das hätte er nicht sagen dürfen!«* Oder: *»Er sollte mich nicht warten lassen!«* Oder: *»Er hätte den Termin nicht vergessen dürfen!«* Absolute Forderungen tragen eine unrealistische Erwartung in sich. Insbesondere wird erwartet, dass ein anderer etwas tut oder unterlässt. Man macht sich mit diesen absoluten Forderungen davon abhängig, dass ein anderer sich nach den eigenen Wünschen verhält. Tut er es nicht, steigen Gefühle wie Ärger, Wut, Enttäuschung auf. Der Satz *»Das hätte er nicht sagen dürfen!«*

enthält eine unrealistische Forderung. Realistisch ist, dass niemand ihn daran hindern konnte, eine bestimmte Botschaft zu äußern. Vielleicht ist die Aussage unangenehm, aber es ist besser, die Realität anzuerkennen. Die folgenden Sätze sind aber als realistisch einzuschätzen:

- Ich bin nicht auf der Welt, um meinen Partner zu erziehen.
- Was ich nicht ändern kann, will ich gelassen akzeptieren.

Absolute Forderungen erkennt man an den Begriffen »sollte«, »hätte«, »muss« oder »... hat aber ...«. Sätze, die diese Formulierungen enthalten, müssen misstrauisch machen; sie geben Anlass, nach der absoluten Forderung zu suchen. Auch wenn es schwer fällt, ist es immer besser, diese zu korrigieren. Die alten Gewohnheiten wollen sich nicht so schnell verabschieden:

> Frau G., die in der Therapie erkannt hatte, dass sie zu Dramatisierungen neigt, und dies bearbeiten wollte, beklagte sich über sich selbst: »Es ist ganz furchtbar mit mir, immer wieder dramatisiere ich die Dinge!« Sie erkannte nicht, dass sie gerade dabei war, wieder zu dramatisieren, und die absolute Forderung an sich selbst richtete, alles gleich ändern zu wollen.

Das gesamte Denken wird realistischer, wenn es gelingt, zunehmend auf Übertreibungen und absolute Forderungen zu verzichten. Die innere Stabilität wächst, und das Leben wird ruhiger und gelassener.

Absolute Solidarität

Für Menschen mit einer hysterischen Persönlichkeit ist es wichtig, dass sie sich in absoluter Solidarität mit Personen befinden, die ihnen wichtig sind. Nur so glauben sie, ihre Angst vor Zurückweisung beherrschen zu können. Sie befinden sich hier in einer kindlichen Abhängigkeit. Für den Partner kann dies anstrengend und einschränkend sein. Als Erwachsene müssen Hysteriker lernen, die Individualität des Gegenübers nicht nur zu ertragen, sondern auch zu schätzen. Auch wenn der Partner an bestimmten Stellen anders ist als erwartet, muss dies nicht als Zurückweisung betrachtet werden. Seine Individualität ist ja die Voraussetzung für eine gesunde Beziehung und macht die Spannung aus. Die irrationale Hoffnung auf absolute Solidarität verursacht Ängste, weil diese Forderung sich nie erfüllen kann. Diese Ängste wollen bewusst bearbeitet werden, weil sie meist hinter typischen Spielen und Inszenierungen versteckt werden. Der erste Schritt bestünde darin, über die Angst vor dem Anderssein des Partners zu sprechen und sich über die irrationale Erwartung nach absoluter Solidarität klarer zu werden. Erwachsen zu werden ist nicht möglich, ohne auf absolute Solidarität zu verzichten. Die Bearbeitung entsprechender Ängste kann Teil einer Psychotherapie sein.

Zur Heilung gehört, dass Betroffene ihrem destruktiven Verhalten mit Verständnis begegnen. Irren ist menschlich, und je mehr die Bereitschaft besteht, auch die eigenen Schwächen zu verstehen und zu betrauern, desto mehr wird ein Mensch er selbst, echter und authentischer. So ist es manchmal hart, wenn man sich mit Verhaltensweisen konfrontiert sieht, die nicht nur der eigenen Person geschadet haben, sondern auch anderen. Hier gilt es zu verstehen, dass es nicht diffamierend oder beschämend sein muss, diese Verhaltensweisen entwickelt zu haben. Während einer früheren Phase des Lebens erschienen sie als die einzige Möglichkeit zu überleben.

▶ Du brauchst nichts zu tun, um wichtig zu sein! ◀

Auch diese Formel sollten sich Menschen mit einer hysterischen Struktur immer wieder selbst sagen. Menschen mit einer hysterischen Persönlichkeit werden sich selbst beobachten müssen, um zu erkennen, dass sie wieder um etwas kämpfen, das sie bereits

haben. Rückfälle in alte Verhaltensweisen sind daher eher zu erwarten. Dies ist nie ein Grund zu resignieren, denn hier wird bewusst, woran es lohnt zu arbeiten. Nur durch Bewusstheit ist Veränderung möglich. So ist es meist nicht möglich, auf das destruktive Verhalten unmittelbar zu verzichten. Zunächst reicht es aus, es lediglich zu beobachten und sich über die Situation genau klar zu werden. Verhaltensweisen sind oft tief in die Persönlichkeit eingeprägt. Sie wollen sich nicht einfach abschütteln lassen. In vielen Situationen kann es hilfreich sein, einfach über sich selbst zu lachen – manchmal ist Humor der beste Therapeut.
Auch Fragen können helfen:

- Worum geht es eigentlich?
- Was wollte ich erreichen?
- Wie habe ich mein Ziel verfolgt?
- Gibt es andere Möglichkeiten?
- Kann ich eine versteckte Angst vor Zurückweisung erkennen, der ich entgehen wollte?
- Hätte ich meine Bedürfnisse direkter zum Ausdruck bringen können?

Geduld einüben

Menschen mit hysterischer Struktur sind meist ungeduldig. Alles muss gleich und unmittelbar geschehen. Das Motto lautet: »*Bedürfnisbefriedigung sofort!*« So, wie dies bereits bei der klugen Else zu erkennen war. Jede Form, den eigenen Willen zu schulen, ist hilfreich. Roberto Assagiolli beschrieb eine Übung, die auf den ersten Blick ziemlich unsinnig erscheint. Er schlägt vor, sich einmal am Tag für zehn Minuten auf einen Stuhl zu stellen und einfach nichts zu tun. Das ist keine verlorene Zeit. Für den normalen Mitteleuropäer ist diese schlichte Übung fast eine unmögliche Zumutung, trainiert aber den Willen, einfach weil irgendetwas durchgehalten wird.

Die Behandlung der hysterischen Persönlichkeitsstörung

wird Zeit in Anspruch nehmen. Fortschritte werden sich nicht von selbst und ohne Anstrengung einstellen. Der folgende Text von Pierre Teilhard de Chardin ist sehr eingängig, und man kann sich in verschiedenen Lebenssituationen wieder an ihn erinnern:

Vor allem hab Vertrauen in das *langsame* Arbeiten Gottes. Ganz natürlich drängen wir in allen Dingen ungeduldig dem Ziele zu. Wir möchten die Zwischenstufen überspringen. Wir leiden voller Ungeduld darunter, *zu etwas Unbekanntem, Neuem unterwegs zu sein …* Dabei ist es das Gesetz jedes Fortschreitens, dass sein Weg über das Unbeständige führt – das eine sehr lange Zeit andauern kann. […] Deine Gedanken reifen ganz allmählich; lass sie wachsen, lass sie Gestalt annehmen, ohne etwas zu überstürzen! Versuche nicht, sie zu »zwingen«, so als könntest du heute schon sein, was die Zeit (das heißt die Gnade und die Umstände, die auf deinen guten Willen Einfluss nehmen werden) morgen aus dir machen wird. […] Schenke unserem Herrn Vertrauen, und denke, dass seine Hand dich gut durch die Finsternis und das »Werden« führen wird – und nimm aus Liebe zu ihm die Angst auf dich, dich im Ungewissen und gleichsam unfertig zu fühlen.[14]

Verantwortung für das eigene Leben übernehmen

Es war offensichtlich, dass die Inszenierung der klugen Else vor dem Bierfass auch ein unbewusstes Ziel hatte. Sie traute sich nicht, über die Ängste zu reden, sondern reagierte mit ihrem typischen Muster, um für Ablenkung zu sorgen. Zunächst scheinen die Probleme zu verschwinden, aber nicht wirklich. Fragen wir an dieser Stelle, was notwendig wäre, dann ist deutlich, dass Else Verantwortung übernehmen müsste, für sich und für ihre Lebensgestaltung.

Wenden wir uns noch einmal dem Bild im Märchen zu, wo es heißt, dass Else schon drinnen ist. Sie ist jetzt zu Hause und kann ruhig und gelassen neben Hans stehen. Wie ist dies möglich, möchte man fragen? Die (manchmal frühe) Ablehnung durch die Eltern verursachte die tiefe Wunde, die zu einer übertriebenen Angst vor Zurückweisung führt. Die Suche des Hysterikers ist die Suche nach den perfekten Eltern, die endlich die Verletzung der Kindheit rückgängig machen. Sein exzessives Streben ist der Versuch, die Wunde zu schließen, die meist durch einen Elternteil verursacht wurde.

Ein entscheidender Schritt im Leben jedes Erwachsenen ist die Übernahme von Verantwortung. Das beliebteste Spiel ist: *Die anderen sind schuld*. Eltern, Geschwister, Lehrer, Vorgesetzte, widrige Lebensumstände werden für das eigene Elend verantwortlich gemacht. Es ist möglich, dass vieles nicht optimal war, ja sogar extrem verletzend und einschränkend, aber es gibt keinen anderen Weg, als das Leben in die eigenen Hände zu nehmen und das möglichst Beste daraus zu machen. Natürlich waren die Eltern nicht perfekt, genauso wenig, wie man selbst keine Perfektion erreicht. In einer Therapie lernt man mit Hilfe von Trauerarbeit, die alten Wunden zu schließen. Am Ende des Trauerprozesses steht Verzeihen. Das Festhalten an den alten Vorwürfen hat vor allem für die Betroffenen selbst große Nachteile. Nach der Devise »*Das verzeihe ich XY nie!*« werden negative Energien gebunden. Wut und Hass verderben nicht nur das Lebensgefühl, sondern bewirken Abhängigkeit. Immer wieder binden die Verletzungen die Gedanken, negative Gefühle verfestigen sich, Betroffene bleiben unglücklich und leiden dauerhaft.

Ausführlich wurde der *Rache-Typ* beschrieben. Sein Drama besteht darin, dass er an Vorwürfen festhält und nicht loslassen kann. Der Mensch, der in Rachewünschen gefangen bleibt, glaubt, manchmal unbewusst, dass er immer noch etwas Wesentliches von den Eltern zu bekommen hat, etwas, das ihm vorenthalten wurde. Sehnt er sich beispielsweise nach der Liebe, die ein Elternteil nicht geben konnte, dann wird sich sein Blick auf diesen Mangel verengen. Vielleicht wird er viele unrealistische Dinge tun, um diese Liebe trotzdem zu bekommen, aber es wird nicht gelingen, und Unzufriedenheit bleibt zurück. Das Tragische ist, dass alles, was ihm sonst im Leben an Liebe geschenkt wird, nichts wert ist, sie ist bedeutungslos. Die Zuneigung von Freunden und Lebenspartnern hat keine Wirkung; das einzige, was zählen könnte, wäre die Liebe der Person, die zur Liebe nicht fähig ist. Dies zu verstehen kann das gesamte Leben verändern, denn hier gilt es, den Blick auf das zu verlagern, was man besitzt, und nicht auf das, was man nie bekommen wird. Anfangs weigern sich die Betroffenen beharrlich zu akzeptieren, dass auch die Zuneigung anderer wichtig und ebenso wertvoll sein kann. Sie halten an ihrem destruktiven Muster fest, weil sie Angst vor der Verantwortung haben. Sie müssten lernen, die Unvollkommenheit des Vaters oder der Mutter zu akzeptieren. Dies gelingt wie erwähnt nur mit Trauerarbeit. Nur so können sie lernen zu akzeptieren, dass auch sie selbst unvollkommen sein dürfen und alles Zwischenmenschliche unvollkommen bleiben wird.

Verzeihen zu lernen ist in erster Linie also ein Gewinn für die eigene Person. Erst jetzt kann ein Mensch erkennen, was er wirklich will (siehe auch Autonomie-Abhängigkeitskonflikt im Anhang). Das setzt Energien frei und eröffnet dem Leben neue Perspektiven. Das Festhalten an Vorwürfen, Wut und Hass ist die sichere Aussicht auf Leid und Schmerz, weil diese Gefühle sich letztlich immer wieder gegen den Betroffenen selbst richten und den hysterischen Modus aufrechterhalten.

Ödipale Fixierungen auflösen

Typische Abhängigkeiten finden sich auch da, wo Erwachsene mit kindlicher Liebe auf einen der beiden Elternteile fixiert sind. Sie haben Vater oder Mutter auf einen »Sockel« gestellt und schauen so aus einer untergeordneten Position nach oben. Für sie ist es wichtig, ein realistisches Bild zu gewinnen, Fehler und Schwächen der Eltern ebenso zu erkennen wie ihre Stärken.

Da Betroffene oft Partnerersatz waren und emotional ausgebeutet wurden, gilt es, die Nachteile dieser viel zu engen Beziehung zu erkennen. Die Folge ist oft ein Mangel an Eigenständigkeit und ein unterschwelliges Gefühl der Abhängigkeit und Unfreiheit. Besonders gilt es, die sich daraus entwickelnden Probleme in Partnerbeziehungen zu verstehen.

Während der Therapie ist es notwendig, verdrängte und versteckte Wutgefühle zu erschließen. So kann ein realistischeres Bild von den eigenen Eltern gewonnen werden. Zur Abnabelung bedarf es schließlich der notwendigen (aggressiven) Energie, die schließlich in die Unabhängigkeit führt. Aber die oft zu beobachtende übertriebene Sorge, Mutter oder Vater zu verletzen, hält den Teufelskreis der Abhängigkeit in Gang. Hier geht es nicht darum, die Eltern zu verteufeln, sondern ein realistisches Bild zu gewinnen.

Unrealistische Überzeugungen bearbeiten

Menschen mit einer hysterischen Persönlichkeit reagieren äußerst sensibel auf kleinste Zurückweisungen, z.B. wenn sie nicht beachtet werden oder nicht wichtig genommen werden. Sie haben einen siebten Sinn für Ablehnung, der wie ein Seismograph jede noch so kleine Zurückweisung übertrieben stark anzeigt. Entsprechend stark sind die gefühlsmäßigen Reaktionen. Sie fühlen sich leicht gekränkt und versuchen, diese Kränkung wie beschrieben mit übertriebenem Einsatz wett zu machen oder künftig zu vermeiden. Meist haben sie die unrealistische Überzeugung: *»Ich muss unbedingt von jedem, von dem ich dies erwarte, wichtig genommen werden!«* Dies ist natürlich nicht möglich, aber auch nicht nötig. Bei realistischer Prüfung wird jeder feststellen, dass es Menschen in seiner Umgebung gibt, von denen er ernst und wichtig genommen wird. Auch hier gilt es, den Blick auf das zu richten, was man besitzt, und nicht darauf, was man nicht hat, aber auch nicht braucht. Es ist viel gewonnen, wenn man erkennt, dass viele eindeutige Signale dafür, dass man ernst und wichtig genommen wird, von verschiedenen Personen kommen. Das innere Konto für »wichtig« ist nicht immer leer wie vermutet oder angenommen. Darum ist es gut, sich zurückzulehnen und die grundsätzlich vorhandene »Wichtigkeit« zu genießen und gelassen zu bleiben.

Eine weitere unrealistische Erwartung lautet: »*Ich kann es verhindern, zurückgewiesen zu werden.*« Zurückweisungen erlebt jeder immer wieder. Das ist normal und kein Nachteil. Für Menschen mit hysterischem Charakter ist es wichtig, die Frage zu klären, wie sie selbst dafür sorgen, dass sie zurückgewiesen werden. Gerade die Angst vor Zurückweisung hatten wir als unbewusste Ursache erkannt, die zu unrealistischen und übertriebenen Anstrengungen antreibt. Die günstigere Haltung erwächst aus einer gewissen Unabhängigkeit. Das Wichtigste ist, dass ein Mensch sich selbst annimmt, so wie er ist. Wer sich selber annehmen kann, ist auf die Anerkennung anderer nicht mehr existenziell angewiesen. Seine Angst vor Zurückweisung tritt in den Hintergrund, er hat ja sich selbst. Die Rede ist hier vom gesunden Narzissmus, der die Selbstliebe eines Menschen meint.[15] Während kleine Kinder darauf angewiesen sind, unbedingt angenommen zu werden, ist dies für Erwachsene weniger bedeutsam, wenn sie ein genügend starkes Selbstwertgefühl entwickelt haben. Sie erkennen, dass es nicht notwendig ist, immer und von jedem akzeptiert zu werden. Sie finden es selbstverständlich, dass sie an vielen Stellen anerkannt, an wenigen vielleicht nicht akzeptiert werden.

Von entscheidender Bedeutung ist die Frage, auf welche Weise Betroffene selbst dazu beitragen, zurückgewiesen zu werden. Einen effektiven Rahmen bietet die therapeutische Gemeinschaft. Hier wird destruktives Verhalten aufgedeckt und von anderen angesprochen. Die Gruppenmitglieder halten den Spiegel vor und weisen auf unrealistische Einstellungen und Handlungsweisen hin. Bei den Betroffenen ruft dies zunächst meist Widerstände hervor. Sie fühlen sich zu Unrecht angegriffen. Erst wenn sie die therapeutische Gemeinschaft als hilfreich erleben, können sie Kritik akzeptieren.

Die extreme Suche nach Wert und Wichtigkeit sowie die damit verbundenen Anstrengungen führen nicht zum Erfolg. Liebe ist ein Geschenk – nichts, was erarbeitet werden kann. Liebe gibt es umsonst, sonst ist es etwas anderes, etwa ein Tauschgeschäft. Nur wer glaubt, dass er es wert ist, geliebt zu werden, kann Liebe auch integrieren. Die Lösung liegt in diesem Satz: *Du brauchst nichts zu tun, um geliebt zu werden.* Erst wer aufhört, hinter der Liebe herzurennen, und riskiert stehen zu bleiben, kann die »Antennen« dafür entwickeln, wo ihm Zuneigung ohne Gegenleistung geschenkt wird.

Selbstliebe entwickeln

Die normale Entwicklung der Selbstliebe beginnt während der Kindheit. Die Liebe der Eltern wandert förmlich in die Persönlichkeit des Kindes, weil es sich angenommen und gemocht fühlt. Eltern, die sich selbst lieben, sind gute Modelle; sie können ein stabiles und vor allem echtes Selbstwertgefühl vorleben. Dieses Selbstwertgefühl ist nicht künstlich und basiert nicht auf Übertreibungen, sondern es ist echt. Es leidet nicht an übersteigerten Selbstzweifeln, sondern ist stabil, weil es aufrecht und einfach ist.

Die Entwicklung der Selbstliebe war bei Menschen mit psychischen Problemen unvollkommen. Meist glauben sie, alles, was ihnen von den Eltern nicht gegeben werden konnte, trotzdem noch zu bekommen. Sie bleiben hungrig nach elterlicher Liebe und tun alles Mögliche, um dieses innere Loch zu füllen:

- *»Ich muss viel tun, um geliebt zu werden.«* Diese Überzeugung führt zu extremen Anstrengungen und nicht selten in Arbeitssucht, weil sich letztlich nie wirklich Zufriedenheit einstellen wird. Sobald keine Leistung erbracht wird, entsteht ein Gefühl von Wertlosigkeit.

- *»Ich muss perfekt sein und darf keine Fehler machen.«* Diese Überzeugung bringt Dauerstress. Die Angst vor Fehlern ist ständiger Begleiter und unterwandert Selbstsicherheit und Gelassenheit.
- *»Ich muss mich anpassen und alles tun, was andere von mir erwarten, damit ich gemocht werde.«* Diese Überzeugung führt in die Abhängigkeit und Ausbeutung. Vor allem wird Ärger *heruntergeschluckt* und führt zu psychosomatischen Störungen.

Dies sind die wichtigsten untauglichen Versuche, das Selbstwertgefühl aufzubauen. Natürlich tun Menschen alles Mögliche, um sich sicherer und geliebter zu fühlen. Von außen ist zu erkennen, dass die Vorgaben der Eltern immer noch wirksam sind. Die alten Muster haben sich tief in der Persönlichkeit verankert, aber sie lösen Minderwertigkeitsgefühle nicht auf, im Gegenteil: sie halten sie aufrecht. Der Schritt in die Unabhängigkeit setzt die Erkenntnis voraus, dass es notwendig ist, Verantwortung für das Selbstwertgefühl selbst zu übernehmen. Die Fähigkeit, sich so anzunehmen, wie man ist, kann erarbeitet werden. Welchen Erwartungen will ich eigentlich gerecht werden? Welche geheimen Vorgaben sollen erfüllt werden? Wo sind unrealistische Forderungen, Übertreibungen?

Verlassen der Opferrolle

Zwei Richtungen wurden als typisch für Menschen mit einer hysterischen Persönlichkeit erkannt. Die eine sollte den Betreffenden größer, klüger, stärker und überlegener erscheinen lassen, als er in Wirklichkeit ist. Die andere war darin zu erkennen, dass sich der Betroffene kleiner, hilfloser und bedürftiger darstellt, als er in Wirklichkeit ist. Hysteriker geraten leicht in eine typische Opferrolle, weil sie die Welt nur aus diesem Blickwinkel sehen. Sie glauben tief und fest daran, Opfer widriger Umstände und böser Unterdrücker zu sein. Wie sehr sie gerade mit dieser gespielten Hilflosigkeit andere manipulieren und beherrschen, ist ihnen selten bewusst.

Wer Verantwortung für sein Leben übernommen hat, sieht sich nicht mehr als Opfer. Er ist in die Täterrolle gewechselt. Um dies an einem Beispiel zu demonstrieren:

Der Mensch in der Opferrolle sagt: »*Ich wurde ausgebeutet.*«

Der Mensch in der Täterrolle sagt: »*Ich habe mich ausbeuten lassen.*«

Der Unterschied scheint nicht bedeutend zu sein, ist aber entscheidend. Ein Täter wird viel eher versuchen, Missstände zu beheben, weil er sich selbst in der Verantwortung sieht. Die Vergangenheit ist nicht zu ändern, aber die Zukunft.

Wer es gewohnt ist, sich selbst in der Opferrolle zu sehen, kann dies voraussichtlich nicht plötzlich ändern. Vielmehr sollte dies in kleinen Schritten vollzogen werden. Oft ist es auch hilfreich, psychotherapeutische Hilfe in Anspruch zu nehmen. Die Veränderung ist mit der Überwindung von Ängsten verbunden. Diese erscheinen zunächst als unüberwindbar. Es handelt sich hier um die Angst vor Verantwortung. Es fehlt der Glaube an sich selbst, die Überzeugung, es auch allein schaffen zu können.

Akzeptanz der eigenen Machtlosigkeit

Betroffenen mit einer hysterischen Struktur hilft alles, was ihre emotionale Situation stabilisiert. Dazu gehört vor allem realistisches Denken. Im Grunde kann man sich ja kaum vor Schaden oder Nachteilen schützen. In vielen Fällen sind wir machtlos und dem Schicksal ausgeliefert. Das gilt für Naturkatastrophen, Unfälle, Krankheiten oder andere Schicksalsschläge. Der Einfluss des einzelnen auf sein Leben ist begrenzt. Er hat es eigentlich nicht in der Hand, ob er von wichtigen Menschen verlassen wird, seine materielle Grundlage einbüßt, schwer erkrankt oder sonstige Ereignisse sein Leben negativ beeinflussen. Zur Lebenskunst gehört eine Form heiterer Gelassenheit, die akzeptiert, ohne gleichgültig zu werden.

Es geht um die Gelassenheit, sich mit Dingen abzufinden, die man nicht ändern kann. Gerade den Menschen mit hysterischer Persönlichkeitsstruktur fällt das erfahrungsgemäß schwer.

Leben im Hier und Jetzt

Die kluge Else kann auch an dieser Stelle als Beispiel für ein sorgenvolles Leben dienen. Ihre blühende Fantasie lässt sie in die Zukunft vorauseilen und dort eine Katastrophe erleben. Genau wie der klugen Else fällt es vielen Menschen schwer, in der Gegenwart zu leben. Die Katastrophen entstehen in der Fantasie und werden immer größer. Die Gedanken haften fest im Bewusstsein und verursachen oft überflüssige Ängste und depressive Verstimmungen, denen man sich ausgeliefert fühlt.

Die kluge Else müsste lernen, mit den Unsicherheiten des Lebens zurechtzukommen. Das Leben ist und bleibt Risiko, unwägbar und unvorhersehbar. Die Angst vor der Zukunft ist letztlich überflüssig, denn wir haben ja nur begrenzten Einfluss. Jedem bleibt nur die Möglichkeit, im Hier und Jetzt das Notwendige zu tun. Ein Rest an Unsicherheit wird bleiben, den man akzeptieren, mit dem man sich anfreunden und gegen den man sich nicht wehren sollte. Das Leben bleibt auf diese Weise spannend, denn die Unsicherheit ist ja auch interessant. Oft sind es widersprüchliche Gefühle, die wir ertragen müssen. Absolute Sicherheit gibt es nicht, und so besteht die Aufgabe darin, zu den Ambivalenzen, Widersprüchen und Unwägbarkeiten des Lebens Ja zu sagen. Wer sie vermeiden will, gerät unweigerlich in emotionale Schwierigkeiten.

Angst vor dem eigenen Tod

Der eigene Tod ist unabwendbar und wird uns künftig irgendwann ereilen. Dieses Thema stellt sich jedem vernunftbegabten

Wesen. Die Angst vor dem eigenen Tod wird in unserer Gesellschaft verdrängt, viele haben große Angst vor dem Ende und vor dem Nichts. Die Folge der Verdrängung dieser Ängste sind Panikattacken, die unvermittelt, wie aus heiterem Himmel auftreten und beim Betroffenen Todesangst auslösen. Diese Panik ist die Folge von verdrängter Angst: Angst, die ein Mensch vor sich selbst und anderen versteckt, wird im Geheimen immer größer und bricht plötzlich und mit großer Wucht ins Bewusstsein ein.

Die Neigung, unliebsame Dinge zu verdrängen, also einfach zu vergessen, wurde als typisch für Hysteriker beschrieben. In der Therapie ist die Auseinandersetzung mit diesem Problem eine Chance, weil es vor allem darum geht, auf eine Urangst zuzugehen. Man muss in Gedanken gestorben sein, um wirklich leben zu können.

Meditation

Ein möglicher Weg, der aus dem Teufelskreis führt, ist Meditation. Der therapeutische Wert der Meditation kann nicht hoch genug eingeschätzt werden. Meditierende gelangen in einen Zustand, in dem sie sich absolut sicher und geborgen fühlen. Sie befinden sich wie in den Armen der Mutter, wovon fast jeder in unserer Gesellschaft zu wenig bekommen hat. Man wird ruhig und absolut zufrieden. Sämtliche Bedürfnisse, die ständig antreiben und permanente Unzufriedenheit mit sich bringen, treten in den Hintergrund. Mit Meditation wird dem übertriebenen Bedürfnis nach Wichtigkeit entgegengewirkt. Auch die Angst vor Zurückweisung lässt nach.

Leider fällt es Menschen mit hysterischer Struktur schwer, sich auf Meditation einzulassen, weil sie ja auch einen großen Hunger nach Ablenkung, Events, Genuss und Amüsement verspüren. Aber Fixierung auf Äußerlichkeiten kann nicht zum Erfolg führen. Die Inanspruchnahme seriöser fachlicher Hilfe ist daher ratsam. Zu Beginn der Meditationspraxis stellen sich bestimmte Schwierigkeiten ein, die überwunden werden können und nicht zwangsläufig zum Abbruch der Übungen führen müssen. Der Start ist jedenfalls in einer Gruppe leichter. Die effektivste Weise, an sich selbst zu arbeiten, sind Psychotherapie und Meditation.

Typische Probleme in der Therapie

Die Therapie der hysterischen Persönlichkeitsstörung ist schwierig und scheitert nicht selten. Ein Betroffener wird versuchen, auch den Therapeuten in die typischen Spiele zu verstricken. Es ist daher notwendig, bereits zu Beginn der Therapie klare Regeln zu vereinbaren und auf Einhaltung zu bestehen. Wie im sonstigen Leben auch, wird der Hysteriker in der Therapie versuchen zu erreichen, dass ihm besondere Rechte und Bedingungen zugestanden werden; man ist ja schließlich etwas Besonderes! So wird er zunächst die Grenzen testen. Dabei unternimmt er eventuell auch massive Erpressungsversuche und droht möglicherweise sogar mit Selbstmord. Aber auch in solchen Fällen sollte sich der Therapeut nicht erpressen lassen, sondern den Patienten ernst nehmen und notfalls dafür sorgen, dass er stationär untergebracht wird. Manchmal ist der Therapeut der erste, der sich traut, standhaft zu bleiben, und der darauf beharrt, dass unrealistisches Verhalten unterbunden wird. Erst jetzt kann die eigentliche Therapie beginnen.

Zunächst muss eine vertrauensvolle Beziehung entstehen, die es natürlich nur geben kann, wenn der Hysteriker bereit ist, auf sein Theaterspiel zu verzichten.

Häufig ist zu beobachten, dass das Wesentliche nicht mitgeteilt wird. Es wird umspielt oder umschrieben und die Aufmerksamkeit auf etwas anderes gelenkt. Darin sind manche Menschen mit einer hysterischen Persönlichkeit wahre Meister.

Frau E. berichtet über ihre gescheiterte Ehe, unter der sie seit vielen Jahren leidet. Bisher fand sie aber nie den Mut, sich vom Partner endgültig zu trennen. Verschiedene Male habe sie versucht auszubrechen. Vor nicht allzu langer Zeit habe sie eine Affäre angefangen. Sie berichtete, dass sie in dieser Beziehung erstmals das Gefühl hatte, als Frau akzeptiert zu sein. Es habe einfach alles gestimmt, man habe sich sehr gut verstanden; auch erotisch sei die Beziehung sehr befriedigend gewesen. Trotzdem habe sie diese Beziehung beendet. Auf die Frage, warum sie dies getan habe, antwortet sie: Weil sie es so gewollt habe. Dies erschien dem Therapeuten als Erklärung unzureichend; er spiegelte ihr dies. Frau E. wiederholte, dass sie dies so gewollt habe. Der Therapeut entschloss sich, die Vermutung in den Raum zu stellen, dass dieser Mann verheiratet gewesen sei. Frau E. bestätigte die Vermutung und gab zu, dass er nicht bereit gewesen sei, sich von seiner Familie zu trennen, zumal er Kinder habe. Das Wesentliche hatte sie also merkwürdigerweise nicht mitgeteilt.

Es bedarf oft einer längeren vertrauensvollen Zusammenarbeit, bis Schamgefühle so weit aufgegeben werden können, dass der Patient offen über die typischen Vermeidungsstrategien spricht. Erst dann wird er bekennen, dass verschiedene Spiele nicht unabsichtlich gespielt werden. Frau Z. verfasst ihren Tagesbericht, den sie während der stationären Therapie anfertigt. Vorausgegangen war die Konfrontation mit verschiedenen Unregelmäßigkeiten, durch die sie sich verschiedene Vorteile erschlichen hatte.

Ich habe in Ruhe über mein Problem nachgedacht. Ich bin Konfliktvermeider. Ich bewege mich wie ein Kind, das keine Verantwortung übernimmt. Ich gebe die Verantwortung immer wieder an andere ab, ich schiebe sie ihnen zu. Konflikte vermied ich meist aus Angst, abgelehnt zu werden und dann allein dazustehen. Auch zu Therapiebeginn log

ich, als ich behauptete, aus eigenem Antrieb hier zu sein, dabei hatte ich eine Auflage vom Arbeitgeber, Therapie zu machen. Ich hatte Angst, es könnte der Eindruck erweckt werden, dass ich die Therapie nicht ernst nähme. Ich teilte auch nicht mit, dass ich meinen Mann betrogen habe – mittlerweile weiß er das. Anstatt mich mit ihm auseinander zu setzen, floh ich. Selbst in unserem Gespräch, in dem es um mich und mein Verhalten ging, versuchte ich einfach, das Thema zu wechseln, um mich nicht mit meinem Mist konfrontieren zu müssen. Auch versuchte ich, die »Schuld« bei meinem Vater zu suchen. Ich bin für mein Verhalten verantwortlich. Mein destruktives Verhalten stammt zwar aus der Kindheit, aber ich habe jetzt die Möglichkeit, es zu ändern. Heute noch behauptete ich, dass mein Therapeut etwas gegen mich hat, um mich vor einer Auseinandersetzung mit ihm zu schützen. Es fällt mir sehr schwer, dies zuzugeben, aber ich muss endlich aufhören fortzulaufen.
Nicht der Konflikt ist das Problem, sondern die Art, wie ich damit umgehe. Ich bausche alles auf und dramatisiere, sodass es für andere so aussieht, als könnte ich es allein nicht lösen und würde Hilfe brauchen. Ich muss lernen, Probleme/Konflikte klar, sachlich und nüchtern zu betrachten – notfalls zu Papier zu bringen, eine Entscheidung zu treffen, dabei zu bleiben und mich nicht mehr raus zu winden aus der Verantwortung. Regeln, die mir das Leben auferlegt, einhalten. Auch ist mir jetzt klar, warum selbst kleine Regelverstöße große Bedeutung haben. Hier und da ist es gut gegangen, also kann ich mich im Leben weiter so durchwursteln. Ich möchte lernen, gerade durchs Leben zu gehen, Konfrontation und Kritik auszuhalten, nicht immer gleich zu denken: Da will mir jemand was …

Bevor Frau Z. diesen Tagesbericht schrieb, waren bereits verschiedene Therapien gescheitert. Entweder hatte sie diese abgebrochen, oder sie verliebte sich in einen Mitpatienten, der sie aus ihrer Misere retten sollte. Scheitern gehörte mit zu dem Prozess, der sie schließlich dazu brachte, sich ernsthaft um Verhaltensveränderung zu bemühen.

»Konfusion einschmeißen«

Notwendigerweise konfrontiert die Therapie mit Wahrheiten, die Betroffene nicht so leicht akzeptieren, sei es, dass sie unliebsame Dinge anhören müssen oder dass Verhaltensänderungen notwendig werden. Immer wenn es *eng* wird, ist es eine beliebte Methode, »*Konfusion einzuschmeißen.*« Man redet haarscharf an der Wahrheit vorbei, schlüpft in die Opferrolle, beginnt zu weinen oder dreht den Spieß um und überschüttet den, der konfrontiert, mit anderen Vorwürfen, wie: »*Sie wollen mich nur loswerden! Sie haben etwas gegen mich! Andere würden Sie so nicht behandeln! Wenn Sie wüssten, wie es mir geht, würden sie so etwas nicht sagen!*« etc. Zur Konfusion gehört auch, dass plötzlich der gesunde Menschenverstand abhanden kommt: »*Ich verstehe Sie überhaupt nicht*«, oder: »*Sie verwirren mich immer so, dass ich zu nichts mehr in der Lage bin.*« Konfusion wird auch erzeugt, indem der Patient einfach das Thema wechselt. Hier ist mitunter eine geradezu geniale Gabe zu beobachten. Die Fähigkeit, sein Gegenüber abzulenken, setzt voraus, intuitiv zu erfassen, in welche Richtung dies gelingen wird. Die Kunst der Verführung beherrschen Hysteriker wie niemand sonst.

Für den Therapeuten ist es wichtig, dass er sich nicht verwirren lässt, die wahren Bedürfnisse erkennt, diese anspricht und einer direkten Klärung zuführt. Dabei wird es möglich, dass Betroffene sich selbst besser verstehen lernen und insbesondere die eigenen Anteile an den Schwierigkeiten erkennen können.

Meist liegen die Ursachen der hysterischen Persönlichkeitsstörung in dramatischen Umständen während der Kindheit, in tiefen Verletzungen und Zurückweisungen, sodass es nicht gelingen konnte, eine reife und stabile Persönlichkeit zu entwickeln.

Im folgenden Fall handelt es sich um eine Patientin mit einer hysterischen Persönlichkeitsstörung. Die Krankheit hat einen schweren Ausprägungsgrad:

Frau S. wuchs in chaotischen Familienverhältnissen auf. Des öfteren kam es zwischen den Eltern zu lautstarken Auseinandersetzungen mit Gewalttätigkeit. Der Vater ging verschiedene außereheliche Beziehungen ein und pflegte zu den Besuchen bei der Geliebten die Tochter mitzunehmen. Sie war seine Komplizin und durfte der Mutter nichts erzählen. Einmal, erinnert sie sich, wollte eine Freundin des Vaters ihr ein Kleid schenken. Sie habe ein furchtbares Theater veranstaltet, weil sie sich vor diesem Kleid ekelte und es nicht anziehen wollte.

Die Mutter wurde in der Familie abgewertet, insbesondere von ihrer Schwiegermutter. Wann immer möglich, versuchte Frau S., die Mutter in Schutz zu nehmen. In der Familie erfuhr sie selbst wenig Wertschätzung, im Gegensatz zu Cousinen und Cousins, und darunter litt sie sehr.

Der Vater kontrollierte das Leben der Patientin, die einerseits kindlich und abhängig blieb, andererseits ihre Bedürfnisse mit allen möglichen Mitteln durchzusetzen wusste. Sie entwickelte eine Essstörung in Form einer Bulimie. Mit der Drohung, sich verhungern zu lassen, hielt sie die Familie in Atem. Mit Benzodiazepinen, die sie wegen Panikattacken vom Hausarzt verschrieben bekam, wurde sie medikamentenabhängig. Später trank sie auch exzessiv Alkohol.

Frau S. tyrannisierte ihre Familie aufs Äußerste; täglich bahnten sich neue Katastrophen an. Alles drehte sich nur noch um die Patientin, die auf diese Weise erreichte, dass die Eltern eine gemeinsame Aufgabe hatten und deren partnerschaftliche Probleme in den Hintergrund traten. Die Patientin drohte mit Suizid und verletzte sich mitunter selbst. Mehrere Aufenthalte in psychiatrischen Kranken-

häusern wurden erforderlich, allerdings änderte sich nach der Rückkehr in die Familie wenig.
Sie lässt sich unter dem Druck der Familie darauf ein, eine stationäre Entwöhnungsbehandlung anzutreten. Der Entzug vom Suchtmittel wurde auch für das Krankenhauspersonal zur Herausforderung. Immer wieder beklagte sich Frau S. über Ungerechtigkeiten und immer wieder wollte sie die Behandlung abbrechen. Der Streit mit der Zimmernachbarin drohte ständig zu eskalieren.
Nur allmählich beruhigt sie sich und sieht die Notwendigkeit einer längeren Entwöhnungsbehandlung ein.
Nach einigen Rückfällen gelingt ihr die Korrektur des Essverhaltens, dies wird als wichtiger Erfolg in der Therapie bewertet. Dabei wird der Patientin bewusst, dass Essen und Erbrechen ihr Machtinstrument ist, um ihre Familie zu manipulieren. Insgesamt wirkt sie kindlich und hat zunächst große Angst, sich auf die therapeutische Gemeinschaft einzulassen. Da sie jedoch die befürchtete Ablehnung nicht erfährt, fasst sie zunehmend Vertrauen und arbeitet aktiv in der Gruppentherapie mit.
Allmählich wird deutlich, dass sie es kaum ertragen kann, keine Aufmerksamkeit zu bekommen. Ständig stellt sie neue Probleme in den Mittelpunkt, wechselt häufig am Tag die Kleidung, kommt zu spät zu den Therapieveranstaltungen oder wippt auffällig mit dem Stuhl, um Aufmerksamkeit auf sich zu ziehen. Ihr auffälliges Verhalten erregt den Widerstand der Mitpatienten, die nicht unbeteiligt bleiben. Auf Kritik reagiert sie trotzig und mit Vorwürfen bezüglich des Fehlverhaltens anderer, lässt sich aber auch wieder auf Kompromisse ein und bemüht sich, den Erwartungen der anderen gerecht zu werden. Abwechselnd spielt sie das kleine Mädchen, das Fürsorge braucht, dann das trotzige Mädchen, auch das brave, das angepasste Mädchen.
Bei der Bearbeitung der Lebensgeschichte wird deutlich, dass sie in starker Abhängigkeit von ihrem Vater lebt, zu

dem sich eine Art Hassliebe entwickelt hat. Einerseits fühlt sie sich klein, unfrei und bedürftig, andererseits glaubt sie, sich am Vater rächen zu müssen, dafür, dass er sie missbrauchte, die Mutter betrog und insgesamt die Familie belastete. Er soll für alles, was er ihr angetan hat, bezahlen. Jetzt belastet sie selbst die Familie mit dramatischen Symptomen und skurrilem Verhalten. Frau S. erkennt, wie destruktiv ihre Rachewünsche sind und dass es unbedingt notwendig wäre, sich vom Vater zu lösen. Nur: Das Vertrauen in die eigenen Fähigkeiten fehlt. Die Angst vor Unabhängigkeit ist sehr groß, sodass sie lieber das Spiel in der Familie fortsetzen will. Sie weiß, dass sie sich auch räumlich trennen müsste, um aus dem Teufelskreis der üblichen Streitereien, gegenseitigen Schuldzuweisungen und Abwertungen zu entkommen. Therapie hat hier die Aufgabe, die Autonomie zu fördern und zur Eigenständigkeit zu verhelfen. Nach längerem Zögern entschließt sich Frau S., nach der Therapie nicht nach Hause zurückzukehren, sondern in eine Übergangseinrichtung zu gehen, um schrittweise ein eigenständiges Leben aufzubauen.

Es ist sicher davon auszugehen, dass alle Probleme des normalen Lebens sich auch während der stationären Therapie zeigen. Der Patient trägt sie ja in sich. Die Chance besteht darin, dass sie verstanden und bearbeitet werden können.

Schlussbemerkungen

Mit einem abschließenden Blick auf die Hysterie fragen wir nach dem Sinn eines Phänomens, das alle Menschen in allen Gesellschaften und zu allen Zeiten mehr oder weniger betrifft. Die Personen, die eine hysterische Persönlichkeitsstörung entwickeln mussten und unter den beschriebenen Symptomen schwer leiden, lassen sich als Stellvertreter verstehen. Sie sind Träger eines Symptoms einer Gesellschaft, die nicht genügend lieben kann und von vielen Ängsten beherrscht wird.

Hysteriker lösen in ihren Mitmenschen häufig Ablehnung und Zurückweisung aus, auch weil sie anstrengend und aufdringlich wirken; sie sind jedoch nicht zuletzt Projektionsfläche für verdeckte eigene hysterische Anteile, mit denen man nichts zu tun haben möchte: Wer kennt sie nicht – die Angst, nicht zu genügen, zurückgewiesen zu werden, zu kurz zu kommen? Man entledigt sich dieser Ängste, indem man sie auf andere projiziert. Durch Schuldzuweisungen wird das eigene Selbstwertgefühl aufgerichtet.

Der Hauptabwehrmechanismus des Hysterikers ist die Verdrängung. Mit unliebsamen Gefühlen wie Angst (insbesondere der Angst vor dem eigenen Tod) oder Schmerz wollen viele Menschen nicht konfrontiert werden. Die Folge von Verdrängung sind Ängste, Verwirrung und innere Unruhe. Viele finden nicht zu Selbstliebe und erfüllter partnerschaftlicher Liebe. Aus dem Krankheitsbild lassen sich wichtige Erkenntnisse herauslesen, die von allgemeiner Bedeutung sind.

Hysterie ist eine »Hungerkrankheit«

Es geht um den Hunger nach Liebe und Glück – ein natürliches Bedürfnis. Dieser Hunger ist so extrem, dass es trotz aller Anstrengungen nicht gelingen will, Zufriedenheit herzustellen. Betroffene werden nicht »satt«, sondern bleiben frustriert. Sie sind gefangen im *hysterischen Modus;* dies bedeutet, dass sie ihr Drama immer wieder inszenieren müssen.

Auf der Suche nach der absoluten Liebe erkennen sie nicht, dass sie einem Phantom hinterherjagen.

Alle Menschen bleiben unvollkommen; sich wirklich einlassen bedeutet, auch den Partner mit seinen Schwächen und Schwierigkeiten zu lieben. Der Mensch will als Persönlichkeit wahrgenommen werden und nicht nur als Sexualobjekt. Erotik, Sexualität, Vereinigung der Gegensätze ist das Schönste, was ein Mensch erleben kann. Die Sehnsucht nach der *absoluten* Liebe lässt vor allem für die eigene Unvollkommenheit und Selbstliebe keinen Raum. Der romantische Traum vom Märchenprinzen oder von der Prinzessin wird sich nicht erfüllen; sondern es geht darum, lieben zu lernen. Auch im Scheitern von Liebesbemühungen steckt das Potenzial zur persönlichen Weiterentwicklung.

Der hysterische Modus

Alle Menschen sind Schauspieler, die unterschiedliche Rollen spielen müssen, um den Alltag zu bewältigen. Dies kann angemessen sein und zur Zufriedenheit führen: etwa eine Frau in der Mutterrolle, die einerseits für die Familie sorgt und andererseits dafür, dass eigene Bedürfnisse nicht zu kurz kommen.

Es ist sinnvoll, den hysterischen Modus zu kennen: Menschliches Verhalten wird verständlicher und vielleicht ein wenig nachsichtiger beurteilt. Das beste Mittel, um mit Schwächen und Unzulänglichkeiten, den eigenen und denen anderer, umzugehen, ist Humor.

Problematisch sind Rollen, die verdeckte Botschaften enthalten. Jemand traut sich nicht, seine Bedürfnisse direkt zu äußern, sondern inszeniert ein Schauspiel, etwa weil er: Angst vor Zurückweisung hat; glaubt, nicht wichtig genommen zu werden; meint, das Ziel nicht auf direkte Weise zu erreichen. Hysteriker glauben, nur so Erfolg zu haben, und verlieren den Kontakt zur Realität, auch weil sie übertreiben.

Hysterische Merkmale der Gesellschaft

Niemand steht auf festem Boden, jedes Leben ist unsicher und vergänglich. Die Frage ist, wie wir trotzdem Halt finden. Auch der hysterische Modus ist ein Versuch, Probleme zu lösen, allerdings auf neurotische Weise. Der verzweifelte Versuch, Sicherheit zu finden, führt in größere Unsicherheit und Angst. Fast jeder lebt in der Erwartung, dass alles immer besser und perfekter werden muss, damit sich Zufriedenheit einstellt.

Die Gesellschaft ist auf äußere Zerstreuung und Konsum fixiert. Sie ist auf der Flucht vor Leere und Langeweile und sucht das nächste Event, um sich vor unliebsamen Wahrheiten zu schützen. Das Verlangen, alles sofort und gleich zu bekommen, ist als hysterisch identifiziert.

Die zunehmende Orientierungslosigkeit verunsichert insbesondere die jüngere Generation in den gesellschaftlichen Randgruppen und wirft große Probleme auf. Perspektivlosigkeit führt zu rechtsradikalen Auswüchsen, Drogenkonsum und Bandenkriminalität. Der exzessive Konsum nicht erneuerbarer Energieträger, die Ausbeutung der Natur endet mit der Zerstörung unserer bewohnten Erde.

Die Amerikanerin Joan Brumberg untersuchte Tagebücher von Mädchen, um zu ergründen, worauf die Verfasserinnen ihre Aufmerksamkeit hauptsächlich richteten. Vor 200 Jahren lauteten typische Einträge etwa: »*Ernsthaft arbeiten. Würdig sein. Sich für andere interessieren.*« Ein typischer heutiger Eintrag: »*Ich will abnehmen. Ich brauche neue Linsen, gutes Make-up, neue Kleider und Accessoires.*«[16] Im Grunde hat sich wenig geändert, denn hinter allem steckt die bange Frage: Wie kann ich genügen, wie gefallen, wie auf andere Eindruck machen? Man will den äußeren Erwartungen perfekt entsprechen. Wie aber findet ein Mensch zu seiner eigenen Individualität, zu seiner Persönlichkeit, zu einem sinnvollen, selbstbestimmten Leben?

In einem Werbespot für Hautcremes behauptet ein Model: »*Der Po ist wichtiger als das Gesicht.*« Nicht nur Frauen werden zu Lustobjekten und messen ihren Wert ausschließlich an Aussehen und Fitness. Narzisstische und hysterische Merkmale finden sich im Reigen eines fehlgeleiteten Mainstreams, der durch die Werbung rücksichtslos angeheizt wird. Im Zentrum steht der Einzelne, der sein Ego durchsetzen will und muss, um im härter werdenden Wettbewerb zu bestehen. Das gesellschaftliche Klima wird kälter und der Raubtierkapitalismus vieler Konzerne führt zu einer Verarmung immer größerer Gruppen. Das Bedürfnis nach Mitmenschlichkeit und Mitgefühl für andere ist stark vorhanden. Dies ist etwa daran zu erkennen, dass viele bereit sind, für Opfer einer Naturkatastrophe im fernen Asien zu spenden. Allerdings sinkt die Bereitschaft, sich im eigenen sozialen Bereich zu engagieren. Die Konkurrenz wächst und fördert Egoismus und Neid. Es fehlen Tiefe, Authentizität und Transzendenz. Der moderne Mensch hat das Gefühl für die Schöpfung verloren und damit auch das Gefühl für sich selbst und seine Mitmenschen.

Der wichtigste Besitz eines Menschen ist seine Liebesfähigkeit. Ein Mehr an Leistungsfähigkeit bedeutet nicht unbedingt ein Mehr an Liebesfähigkeit. Dies wird in der Leistungsgesellschaft häufig verwechselt. Symptome sind oft Ausdruck dafür, dass Menschen unfähig sind, sich genügend selbst zu lieben, auch wenn der Anschein bei hysterischen und narzisstischen Persönlichkeiten das Gegenteil vermittelt. Die innere Leere und Sinnlosigkeit wird mit perfekter Fassade und übertriebener Selbstdarstellung überspielt. Hysterie fordert dazu auf, das Lieben zu lernen. Dazu muss die eigene (manchmal unglückliche) *Liebesgeschichte mit sich selbst* verstanden werden.

Destruktive Abhängigkeiten

Mitunter verharren Menschen emotional auf dem Stand von Zweijährigen; sie wollen Kinder bleiben. Verena Kast stellt sehr richtig fest, dass ein Mensch nicht gefragt wurde, ob er leben will, er wurde geboren. Um zufrieden werden zu können, muss er sich bewusst für sein Leben entscheiden. Viele Menschen geraten in emotionale Probleme, weil sie sich nicht entschieden haben, erwachsen zu werden. Sie bleiben auf die Eltern fixiert, entweder mit kindlichen Liebes- und Versorgungswünschen: *»Du bleibst* *ewig meine Mutter / mein Vater und ich dein Kind«* oder im Trotz: *»Du hast mir meine Kindheit verdorben, deswegen weigere ich mich, erwachsen zu werden.«*

Die mangelnde Unabhängigkeit führt eher nicht dazu, dass die Sinnfrage wirklich gelöst werden kann. Dies ist erst möglich, wenn Unabhängigkeit erreicht ist. Der Prozess des Erwachsenwerdens ist schwierig und kann nur gelingen, wenn der Mensch selbst den Mut aufbringt, ganz Frau oder ganz Mann zu werden. Therapie kann begleiten und vor allem ermutigen.

In unserer Gesellschaft fehlen wichtige Initiationsrituale, die den Übergang von der Kindheit ins Erwachsenendasein erleichtern. Manche Erwachsene bleiben Nesthocker, verhalten sich wie verwöhnte Kinder, sind egoistisch und wenig verantwortungsbewusst. Destruktive Abhängigkeiten werden dadurch gefördert, führen zu emotionalen Problemen und oft auch zu Suchterkrankungen.

Unbewusste Handlungsmotivation

Das Unbewusste ist ein wesentlicher Bestandteil menschlicher Existenz. Alles Kreative, alles Schöpferische entstammt dem Unbewussten. Moderne Menschen nutzen die Möglichkeiten des Unbewussten viel zu wenig. Martin Buber hat Recht, wenn er formuliert: *»Alle Reisen haben eine heimliche Bestimmung, die der Reisende nicht ahnt.«* Naturvölker leb(t)en mit ihren Träumen und hatten (haben) Zugang zu Bereichen ihrer Seele, die in der modernen Kultur weitgehend verloren scheinen. Das Bedürfnis nach Transzendenz ist in jedem Menschen angelegt, meist jedoch verdrängt. Manchmal findet es fehlgeleiteten Ausdruck in esoterischen Zirkeln oder Sekten.

Oft will das Unbewusste erhört werden, etwa wenn es sich mit Symptomen meldet und Wesentliches zum Ausdruck bringen will. Die mechanistisch-biologische Krankheitslehre verbannt das Unbewusste aus dem Blickfeld. Es lässt sich nur schwer in Regeln oder Systematiken erfassen.

Viele Krankheiten sind Ausdruck seelischen Leids. Bei mehr als zehn Prozent aller Beschwerden, die Ärzten vorgetragen werden, lassen sich keine körperlichen Ursachen feststellen. Dies bedeutet nicht, dass diese Patienten simulieren. Die Hysterie macht mit Nachdruck darauf aufmerksam, dass Körper, Geist und Seele eine Einheit bilden. Wenn die Signale der Seele nicht gehört werden, sind Nachteile und größeres Leid zu befürchten.

Der höchste Lohn für unsere Bemühungen ist nicht das, was wir dafür bekommen, sondern das, was wir dadurch werden.

John Ruskin, englischer Schriftsteller und Sozialreformer (1819–1900)

ANHANG

Im Anhang werden drei Themen bearbeitet, die für die Behandlung der hysterischen Persönlichkeitsstörung von Bedeutung sein können.

Viele Suchtkranke haben eine hysterische Persönlichkeitsstruktur oder Persönlichkeitsstörung. In diesen Fällen ist es notwendig, beides zu behandeln, die Suchterkrankung und die hysterische Problematik.

In einem weiteren Kapitel werden die Folgen von Verwöhnung beschrieben. Dieses häufig unterschätzte Problem gehört oft mit zum Hintergrund einer hysterischen Persönlichkeitsstörung.

Der Autonomie-Abhängigkeitskonflikt ist bei hysterischen Menschen meist stark ausgeprägt. Er will verstanden und aufgelöst werden.

Hysterie und Sucht

Die mitunter extreme Unzufriedenheit mit der eigenen Lebenssituation führt oft zum Konsum von chemischen Tröstern. Dazu eignet sich insbesondere Alkohol, aber auch Beruhigungsmittel, so genannte Benzodiazepine und Barbiturate (hauptsächlich Schlafmittel). Weniger eignen sich Drogen, die stark aufputschende oder halluzinogene Wirkung haben. LSD etwa wird schnell zu Angst und Panik führen, weil die sowieso überschießenden Gefühle jetzt gänzlich außer Kontrolle geraten. Auch der Konsum von Haschisch kann zu wahnhaften Zuständen führen. In diesem Zusammenhang ist die Rede von drogeninduzierten

Psychosen. Hysteriker bevorzugen daher Drogen, die beruhigend, angstreduzierend und entspannend wirken.

Die bevorzugte Droge ist Alkohol. Sie wirkt beruhigend und angstlösend, hebt für kurze Zeit die Stimmung und bekämpft vor allem innere Leere und Langeweile. Die Suchtentwicklung beginnt mit der Steigerung der Toleranz bei Alkohol. Immer größere Mengen werden benötigt, um die erwünschte Wirkung zu erzielen. Schließlich entwickelt sich ein Zwang, das Suchtmittel zu konsumieren. Betroffene verlieren die Kontrolle über den Alkoholkonsum.[17]

Nicht selten setzen Betroffene Alkoholexzesse demonstrativ ein, um auf bestimmte Bedürfnisse hinzuweisen. Aus einem Tagesbericht:

> »In den letzten Tagen ist mir klar geworden, wofür ich Alkohol brauchte. Immer wenn ich das Gefühl hatte, für meine Kinder unwichtig zu sein, griff ich wieder zur Flasche. Meine Rückfälle und Alkoholexzesse erzeugten dass Gefühl, wertlos und schuldig zu sein. Wenn ich wieder einmal im Krankenhaus lag und mein gesundheitlicher Zustand äußerst bedenklich war, kamen alle an und versicherten, dass ich wichtig für sie sei. Nach einer Phase der Abstinenz, wo ich wieder Schuldgefühle wegen meines Verhaltens hatte, ging das Spiel von vorn los.«

Die Droge ist Bestandteil der selbstzerstörerischen Inszenierung geworden. Die eigentliche Botschaft lautet: *»Ich kann nicht ohne meine Kinder sein; allein halte ich mich selbst nicht aus; ich fühle mich dann völlig wertlos, unwichtig und schuldig ...«* Während der Therapie verstand die Patientin, dass ihr Verhalten ein untauglicher Versuch zur Problemlösung war. Nur so war erstmalig möglich, nach einer tatsächlichen Lösung zu suchen.

Benzodiazepin-Abhängigkeit

Benzodiazepine wirken beruhigend, entkrampfend und angstlösend. Handelsnamen sind beispielsweise Valium, Librium, Tranxilium, Rohypnol, Tavor, Bromazepam, Oxazepam. Als sie entdeckt wurden, waren die Forscher zunächst euphorisch, denn diese Beruhigungsmittel waren besonders verträglich, und die Gefahr, an einer Überdosis zu sterben, war im Vergleich zu den herkömmlichen Beruhigungsmitteln eher gering. Es bestand auch die Auffassung, dass man von diesen Mitteln nicht süchtig werde. Das wurde mittlerweile gründlich widerlegt. Die Gefahr, von Benzodiazepinen abhängig zu werden, ist sogar groß. Sie wirken auf typische hysterische Schwierigkeiten zunächst besonders günstig ein. Betroffene fühlen sich ruhiger, sicherer und weniger ängstlich – allerdings nur kurzfristig. Schon nach acht Tagen stellen sich auf Grund der Einnahme genau die emotionalen Probleme, etwa Ängste, Unruhe, Grübelzwänge, ein, gegen die das Medikament eingenommen wurde. Dies führt oft zu einer Erhöhung der Dosis, die immer weiter gesteigert wird. Auch die Kombination mit Alkohol ist dann eine häufige Praxis.

Die Beschaffung großer Mengen von Benzodiazepinen ist oft ein Problem. Betroffene finden jedoch immer wieder Ärzte (meist sind sie bei mehreren in Behandlung), die Rezepte ohne Kontrolle unterschreiben (etwa weil die Praxishilfe sie vorlegt).

Dem Teufelskreis der Sucht zu entkommen ist extrem schwierig. Entzugserscheinungen klingen bei Alkoholabhängigkeit nach drei bis acht Tagen ab. Bei der Abhängigkeit von Benzodiazepinen ist mit einer Dauer von bis zu einem Jahr und länger zu rechnen. Typische Entzugssymptome sind: innere Unruhe, Angst- und Panikzustände, Zittern, Schweißausbrüche, depressive Verstimmungen. Im Fall einer Suchterkrankung kann nur absolute Abstinenz vom Suchtmittel die Krankheit zum Stillstand bringen. Entwöhnungsbehandlungen scheitern, weil die Patienten die Entzugserscheinungen nicht aushalten. Oft ist es notwendig, die Einnahme der Droge schrittweise zu reduzieren. Diese

Patienten fordern immer wieder Schmerz- oder Beruhigungsmittel, die man aber verweigern muss, um den Teufelskreis zu durchbrechen. Typischerweise entwickeln sie immer neue Beschwerden, um an Suchtmittel zu kommen.

> Frau S. steigert sich leicht in Ängste. Nach außen wirkt sie ruhig, stabil und gefasst. Die Einnahme von Benzodiazepinen verbesserte zunächst die Befindlichkeit, die Ängste schienen verschwunden. Schon nach kurzer Zeit war sie psychisch und körperlich abhängig, ihre Ängste wurden trotz Steigerung des Beruhigungsmittelkonsums immer größer. Während der Entwöhnungsbehandlung in einer Fachklinik für Abhängigkeitskranke erklärt sie, dass die Ängste und Grübelzwänge zu körperlichen Störungen führten. Oft fühle sie sich unsicher beim Gehen, beim Treppensteigen müsse sie sich am Geländer festhalten. Mitunter habe sie Mühe, sich zu konzentrieren, und befürchte, nicht alles mitzubekommen. Sie klagt über Kopf-, Rücken- und Magenschmerzen.

Patienten wie Frau S. geht es tatsächlich sehr schlecht. Sie sind für das Pflegepersonal wegen ihrer Ansprüche und massiven Forderungen oft belastend. Hier bildet sich wieder die typisch hysterische Beziehungsdynamik ab. Patienten fühlen sich mit ihren Schwierigkeiten nicht ernst genommen, sondern zurückgewiesen – Machtkämpfe sind die Folge. Einfühlsam, aber konsequent muss deutlich gemacht werden, dass man ihnen helfen will, dass aber ihre unbedingte Mitarbeit erforderlich ist. Meist verfügen diese Patienten nicht über angemessene Möglichkeiten, die tatsächlichen Beschwerden zu beschreiben, sondern sie bedienen sich eingeübter Methoden – veranstalten ein Theater –, was auf Außenstehende unecht wirkt und auf Ablehnung stößt.

Verwöhnung

Der amerikanische Psychologe Mowrer vertrat die Auffassung, dass hauptsächlich Verantwortungslosigkeit zu psychischen Problemen führt. Verantwortung wird in der Familie insbesondere durch das Vorbild der Eltern gelernt. Stabile innere Strukturen, die Halt und emotionale Sicherheit vermitteln, sind die Folge von gesunder Selbstdisziplin, ohne die ein zufriedenes Leben nicht möglich ist. Am Beispiel der klugen Else erkennen wir, dass sie wenig Selbstdisziplin hat. Sie schiebt das Unangenehme, etwa die Arbeit, vor sich her und widmet sich dem Angenehmeren: Essen und Schlafen. Der süße Brei steht für Selbstverwöhnung und sofortige Bedürfnisbefriedigung.

Entscheidend zur Entwicklung einer hysterischen Persönlichkeit trägt neben einem von Willkür gekennzeichneten Erziehungsmilieu auch Verwöhnung bei. Oft ist beides zu erkennen, Willkür und Verwöhnung. In der Psychotherapie wird dies häufig übersehen. Anders als eine soziale Verwahrlosung, die leicht zu erkennen ist, kann die emotionale Verwahrlosung, die durch Verwöhnung entsteht, unberücksichtigt bleiben. Die folgende Liste der Merkmale von verwöhnten Menschen dient der Reflexion. Nicht alles muss zutreffen, mitunter genügen einige Merkmale, die aber maßgeblich das Leben bestimmen. Verwöhnte Menschen

- hatten mitunter mehrere Verwöhner;
- fühlen sich vom Verwöhner (z. B. Mutter) abhängig – können sich nicht lösen;
- glauben, dass der Verwöhner der wichtigste Mensch ist (wichtiger beispielsweise als der Partner);
- fühlen sich vom Verwöhner über alles geliebt;
- meinen, wenn der Verwöhner stirbt oder ausfällt, geht die Welt unter! Sie verlieren den Halt; eventuell Beginn einer Suchtkarriere; können die Trauer über diesen Verlust nicht beenden;
- suchen einen verwöhnenden Partner;

- suchen einen dominanten Partner, der scheinbaren Halt vermittelt;
- haben Verlustängste (der Verwöhner könnte verloren gehen);
- erwarten Verwöhnung in fast allen Lebenslagen;
- stellen sich hilflos und fordern damit andere auf, für sie tätig zu werden;
- sind depressiv, oft niedergedrückt, unzufrieden;
- sind aggressiv fordernd;
- lassen Zielstrebigkeit vermissen;
- haben mitunter wenig Kraft und Ausdauer;
- haben kein Selbstvertrauen, sondern glauben, das Leben nicht allein meistern zu können;
- lassen vielfach Interesse und Neugier vermissen;
- haben ein schwaches Selbstwertgefühl;
- weichen Konflikten aus;
- können nicht konstruktiv streiten;
- haben meist Autoritätsprobleme (Autonomie-Abhängigkeitskonflikt);
- vermeiden Schmerz, Wut, Angst;
- leben Aggressionen passiv-aggressiv aus (indirekt, z.B. durch Trinken oder Trotz);
- leben oft in Tagträumen;
- sind innerlich mit Neidgefühlen beschäftigt;
- sehen sich in der Opferrolle und haben nicht selten übertriebenes Selbstmitleid;
- fühlen sich häufig als Versager;
- suchen Bedürfnisbefriedigung sofort;
- sind häufig passiv, erwarten Problemlösung von außen;
- haben nur eingeschränkte Fähigkeiten, sich in andere Menschen hineinzufühlen;
- suchen enge, anklammernde Beziehungen;
- suchen Schuld/Verantwortung immer bei anderen;
- können Kränkungen kaum ertragen;
- können schlecht allein sein;
- sind egoistisch, haben extreme Ansprüche;

- geben oder lehnen Verantwortung gern ab;
- können wichtige Entscheidungen nicht allein treffen;
- sind demzufolge darauf angewiesen, dass andere sagen, was sie tun sollen, oder sie tun genau das Gegenteil;
- finden häufig, daß das Leben eine Last ist;
- neigen zu Dramatisierungen und Übertreibungen;
- haben deswegen oft entsprechend starke Gefühle (starke Ängste oder starke Wut);
- lassen Durchhaltevermögen vermissen, geben schnell auf und suchen immer den bequemsten Weg;
- entwickeln psychische Probleme wie Ängste oder Depressionen;
- fühlen sich immer noch als Kind, nicht als Mann oder Frau;
- suchen insbesondere die eigenen Kinder zu verwöhnen;
- haben mitunter Übergewicht, weil sie sich mit Essen trösten;
- wollen nicht reifen und älter werden.

Verwöhnung geschieht immer (unbewusst) aus Egoismus des Erziehers. Nicht das Wohl des Kindes hat er im Auge, sondern seine Sehnsucht, vom Kind geliebt zu werden. Manchmal will der Verwöhner eigene Mangelerfahrungen ausgleichen, indem er sein Kind verwöhnt.

Es bedarf einer selbstkritischen Haltung, die Verwöhnung bei sich selbst zu erkennen; noch viel schwieriger ist es, die Nachteile einer solchen Erziehung zu korrigieren. Es gilt, vom erträumten Schlaraffenland Abschied zu nehmen, wo sich Bedürfnisse von selbst befriedigen, und von der tiefen Sehnsucht, dass man, ohne sich zu verändern, in eine »bessere Welt« kommt. Betroffene müssen mühsam und schmerzlich erlernen, mit Frustrationen umzugehen, weil die Erzieher es versäumt haben, ihnen die notwendige Unterstützung zu geben, um Frustrationen ertragen zu lernen. Erwachsene, die die Verantwortung für ihre eigene Verwöhnung übernehmen, weil sie sie als Ursache für ihre emotionalen Probleme erkannt haben, arbeiten hart an sich. Sie haben verstanden, dass sie für ihre seelische Gesundung mehr tun müssen als andere, und haben dies als ihr Schicksal akzeptiert.

Die folgenden Zeilen von Ralph Waldo Emerson können innere Kräfte wecken und Energien freisetzen, die Entschiedenheit und Tatkraft fördern:

»Es kommt in der Erziehung eines jeden Menschen eine Zeit, in der er zur Überzeugung gelangt, dass Neid Unwissenheit ist, dass Nachahmung Selbstmord ist, dass er in Freud und Leid sich als sein Schicksal akzeptieren muss; dass, obgleich das Universum voll von guten Dingen ist, kein einziges nahrhaftes Korn zu ihm kommen kann, außer durch seine Arbeit, die er dem Fleckchen Erde widmet, das ihm zur Bearbeitung gegeben ist. Die Kraft, die in ihm wohnt, ist neuer Art, und niemand als er allein weiß, was er zu tun vermag; und auch er weiß es so lange nicht, bis er es ausprobiert hat.«[18]

Der Autonomie-Abhängigkeitskonflikt

Das Bestreben, sich frei und unabhängig zu fühlen, ist ein Urbedürfnis des Menschen. Die Kunst besteht darin, sich auf Abhängigkeit einlassen zu können, ohne sich selbst zu verlieren. Lieben bedeutet immer auch, sich abhängig zu machen. Die Balance zwischen Autonomie und Abhängigkeit ist nicht immer leicht. Der starke Wunsch nach Unabhängigkeit führt oft in destruktive Abhängigkeiten, und auf den ersten Blick erscheint dies nicht logisch.

Herr C. kämpfte bereits als Kind gegen den autoritären Vater, den er als ungerecht und viel zu hart erlebte. Seine Mutter unterstützte ihn in dieser Haltung, weil auch sie unter dem Ehemann litt. Der Konflikt mit dem Vater fand seine Fortsetzung überall dort, wo Herr C. mit Autoritäten konfrontiert wurde: mit Vorgesetzten, Ordnungsbehörden und anderen Menschen, die autoritär auftraten. Sie waren die roten Tücher, auf die er allergisch reagierte.

Wenn Herr C. seinen Autonomie-Abhängigkeitskonflikt verstehen will, muss er seine Bedürfnisse, vom Vater akzeptiert und geliebt zu werden, erkennen. Vermutlich wird er diese jedoch zunächst verleugnen. Nach dem Motto »*Ich brauche meinen Vater nicht, ich war noch nie abhängig von ihm*« wird er seine Unabhängigkeit betonen. Als kleiner Junge hätte er sich jedoch sehr wohl gewünscht, vom Vater anerkannt und geliebt zu werden. Aber das war nicht möglich. Er fühlte sich vom Vater gekränkt und zurückgewiesen und entwickelte daher die Haltung: »*Ich brauche dich nicht, ich bin im Recht, du bist im Unrecht.*« Er kämpfte auch gegen ihn, um die Mutter zu verteidigen, die ebenfalls unter dem autoritären Verhalten des Vaters litt.

Nur aus der Distanz ist zu erkennen, dass der Kampf, den Herr C. an vielen Stellen führt, ein Ringen um Zuneigung ist. Er möchte akzeptiert und ernst genommen werden.

Wir finden den Autonomie-Abhängigkeitskonflikt, der sehr verbreitet ist, nicht nur bei Menschen mit einer hysterischen Persönlichkeitsstruktur. Viele Suchtkranke tragen ihn in sich, ebenso Menschen mit narzisstischer oder Borderline-Persönlichkeitsstörung. Wenn er nicht verstanden und aufgelöst wird, ist Heilung unmöglich.

Der Autonomie-Abhängigkeitskonflikt ist eine psychische Störung, die Betroffene nicht direkt erkennen können. Sie lässt sich zunächst nur indirekt entdecken, insbesondere an den destruktiven Mustern, die sich trotz aller Anstrengung nicht überwinden lassen.

Solche Muster sind:

- einerseits große Wünsche nach Versorgung und Liebe, andererseits das Bestreben, unbedingt unabhängig zu bleiben;
- immer wieder Machtkämpfe zu suchen oder in Machtkämpfe verstrickt zu sein;
- Rechthaberei;
- Dinge zu tun, obwohl klar ist, dass sie schaden;
- sich trotzig gegen Realitäten zu stellen, indem man gegen die berühmten »Windmühlen« kämpft;

- sich nicht von logischen Argumenten überzeugen zu lassen;
- Autonomie immer wieder betonen zu müssen;
- eventuell Angst vor engen Beziehungen zu haben, weil man hier dominiert werden könnte;
- sich innerlich unterlegen und unfrei zu fühlen;
- das Gegenteil von dem tun zu müssen, was von einem verlangt wird;
- extremes/übertriebenes Gerechtigkeitsgefühl;
- häufige Misserfolge, weil angemessene Anpassung nicht zugelassen wird;
- oft nicht zu wissen, was man wirklich will, und/oder daran zu zweifeln, ob das richtig ist, was man gerade tut;
- Erfolge selbst zu sabotieren, indem z. B. eine Ausbildung kurz vor dem Ende abgebrochen wird;
- Selbstzerstörung schreitet scheinbar unaufhaltsam fort.

Wenn mehrere Punkte zutreffen, ist es sinnvoll, nach dem Autonomie-Abhängigkeitskonflikt zu forschen.

Für Hysteriker gilt immer beides, sowohl unabhängig als auch abhängig sein, gerade so, wie es ihnen gefällt und wie es gerade nützlich scheint. Manchmal ist es von Vorteil, wenn man abhängig, klein und schwach ist, denn dann sollen andere die unangenehmen Dinge tun; an anderer Stelle ist es besser, sich nichts sagen zu lassen, denn man ist ja selbst erwachsen und unabhängig. Bei Menschen mit einer hysterischen Struktur ist das Gefühl, unabhängig zu sein, leicht zu erschüttern. Sie haben Angst vor dem Verlust ihrer Autonomie und bekommen leicht das Gefühl, unterlegen zu sein. Die Folge ist, dass sie glauben, ihre Unabhängigkeit demonstrieren zu müssen – sie reagieren trotzig oder versuchen auf andere Weise, ihre Eigenständigkeit zu betonen.

Die prägenden jungen Jahre im Leben, in denen es verstärkt um die Unabhängigkeit von den Eltern geht, sind bekanntlich die Trotzphasen. Im Trotz will ein Kind oder ein Jugendlicher seinen Willen durchsetzen und damit Unabhängigkeit demonstrieren, ein notwendiger Prozess, der für Eltern anstrengend ist. Während der Pubertät will ein junger Mensch unabhängig sein und tun, was er will, als erwachsen akzeptiert und gleichzeitig geliebt und unterstützt werden. Die Pubertät ist auch deshalb eine schwierige Zeit, weil die Wünsche nach Abhängigkeit nur indirekt geäußert werden. Jugendliche wollen geliebt werden, obwohl sie Eigenständigkeit demonstrieren. Sie tun das Gegenteil dessen, was ihre Eltern erwarten, und wollen dafür akzeptiert und geschätzt werden – oft ein schwieriger Balanceakt. Erleben Jugendliche wegen ihrer Autonomiebestrebungen Zurückweisung, führt dies meist dazu, die Eigenständigkeit deutlicher zu demonstrieren.

Viele Erwachsene bleiben im Trotz stecken. Er will aber überwunden werden, denn Trotz ist eine paradoxe Anpassung. Wenn ein anderer A sagt, muss der Trotzige B sagen, und wenn jemand B sagt, muss der Trotzige A sagen. Trotz, dies ist zu erkennen, ist die Anpassung an das Gegenteil. Beim Angepassten ist es ähnlich: Wenn jemand A sagt, muss der Angepasste A sagen, und wenn jemand B sagt, muss er B sagen. Beide sind Angepasste, der Trotzige allerdings an das Gegenteil. Im Trotz verschafft sich der Trotzige das Gefühl, unabhängig zu sein, allerdings ohne zu realisieren, wie abhängig er geblieben ist. Viele Menschen sind im Trotz fixiert und geraten immer wieder in typische Konfliktsituationen. *»Ich bin ein unabhängiger Mensch, ich lasse mir nichts sagen!«* Das ist eine verhängnisvolle Aussage, denn unabhängige Menschen haben keine Angst davor, dass ihnen etwas gesagt wird, sie beziehen die Meinung anderer in ihre Entscheidung mit ein.

Die Pubertät kann als abgeschlossen gelten, wenn der jetzt Erwachsene von selbst auf Trotz verzichten kann. Er erkennt, dass die Eltern nicht in allem Unrecht haben. Er kann ihnen da, wo er die Dinge gleich bewertet, zustimmen. Manches wird er anders sehen, ohne die Eltern von seiner Sichtweise überzeugen zu müssen; verschiedene Meinungen können nebeneinander bestehen, ohne dass die eigene Autonomie, die eigene Unabhängigkeit in Gefahr gerät. So kann ein Mensch sich von seinen Eltern verabschieden und ein eigenständiges Leben führen. Ist die Ablösung von den Eltern nicht gelungen, kommt es später häufig zu

Autonomie-Abhängigkeitskonflikten. Diese Gefahr ist besonders groß, wenn noch ungelöste Konflikte mit den Eltern oder einem Elternteil bestehen.

Menschen, die selbstunsicher sind, also über wenig Ich-Stärke verfügen, geraten eher in diese typische Bedrängnis, mit Trotz zu reagieren. Oft geschieht dies mechanisch, ohne Nachdenken, wie auf Knopfdruck. Hysteriker haben feine Antennen, die sofort reagieren, wenn sich das schwache Selbst bedroht fühlt. Der Selbstsichere bleibt gelassen, er hat keinen Anlass, etwas zu demonstrieren. Das Muster des Autonomie-Abhängigkeitskonflikts wiederholt sich bei dem Betroffenen immer wieder, und ob er will oder nicht, er bleibt abhängig. Er sieht tatsächlich keine echten Möglichkeiten, stabile Autonomie herzustellen.

Menschen, die mit einem Autonomie-Abhängigkeitskonflikt leben, wissen selten, was sie wirklich wollen. Immer wieder taucht die Frage auf, wohin die Reise gehen soll. Meist wissen sie nur, was sie *nicht* wollen, ansonsten träumen sie von unrealistischen Lebensumständen: etwa vom idealen Partner, den sie lieben könnten. Ersatzweise bleibt die Fantasie, die wie ein Heimkino eingeschaltet wird und die graue Realität ersetzt. Das Gleiche gilt für den Beruf; denn man könnte seine künstlerischen und kreativen Begabungen endlich leben. Was auch geschieht, sie wissen nicht, was sie wirklich wollen, denn es könnte bedeuten, das zu tun, was die Eltern (oder ein Elternteil) wollen (will) – dann wäre dies eine Anpassung, die nicht in Frage kommt –, oder man tut das Gegenteil von dem, was die Eltern wollen, dann wäre dies eine Trotzreaktion. Aber auch Letzteres wäre wie gesagt eine Anpassung. Betroffene zweifeln daran, sich selbst genau zu kennen, und verzweifeln oft an sich selbst. Sie spüren eine ohnmächtige Wut, die nicht aufgelöst werden kann. Schließlich richtet sie sich gegen die eigene Person.

Die Misserfolge, die sich zwangsläufig einstellen, führen zum Verlust der Lebensfreude und nicht selten zur Selbstzerstörung. Der Selbsthass wird immer stärker, weil sich Betroffene selbst die Schuld am Scheitern geben. Nicht selten greifen diese Menschen zu Suchtmitteln, um Wut und Hass auf sich selbst zu betäuben. Autonomie ist ein Gefühl, das aus sich selbst heraus entwickelt werden muss; man kann es nicht mit Gewalt erzwingen.

Die Bearbeitung des Autonomie-Abhängigkeitskonflikts

Meist ist davon auszugehen, dass es sich um typische Konflikte handelt, die der Betroffene auch mit seinen Eltern hatte und bisher nicht auflösen konnte. Hier besteht eine Möglichkeit, die Hintergründe des Autonomie-Abhängigkeitskonflikts zu verstehen.

Herr K. wurde von seinem suchtkranken Vater häufig misshandelt. Dieser war eifersüchtig auf seinen Sohn, weil er intelligent war und von verschiedenen Seiten gefördert wurde. Außerdem war er der Liebling seiner Mutter, die ihn verwöhnte. Der Vater versuchte, ihm das Kreuz zu brechen, indem er ihn schlug. Herr K. versuchte, sich mit aller Kraft zu wehren. Zuflucht und Verständnis fand er bei seiner Mutter, die ihn jedoch meist nicht vor dem aggressiven Vater schützen konnte.

In der Therapie inszenierte er seinen typischen Konflikt unbewusst immer wieder. Er suchte Gerechtigkeit, kämpfte oft gegen Windmühlen und wollte alles Mögliche ändern, was nicht zu ändern war. Er verschwendete seine Energie auf Machtkämpfe. Leicht entwickelte er das Gefühl, von anderen zu etwas gezwungen zu werden, das er selbst nicht wollte. In diesen Fällen fühlte er sich ausgeliefert, verfolgt und bedroht; er dachte an Selbstmord, weil er sich in einer für ihn ausweglosen Situation erlebte.

Während der Therapie lernte Herr K. zu verstehen, dass seine extreme Suche nach Gerechtigkeit ein untaugliches Unternehmen war, die tiefen inneren Wunden, die durch die brutalen Misshandlungen des Vaters entstanden waren, zu heilen. Letztlich wollte er von seinem Vater geliebt und anerkannt werden.

Zunächst verstand Herr K. nicht, dass gerade seine extreme Suche nach Gerechtigkeit Abhängigkeit zur Folge hatte. Unbewusst suchte er den Machtkampf mit seinem Vater, allerdings auf einer anderen Bühne und mit anderen Schauspielern. Sein Selbst war verletzt, und deshalb reagierte er auf jede mögliche weitere Verletzung besonders sensibel und übertrieben.

Die leichte Kränkbarkeit war die Folge seiner narzisstischen Verletzung. Alle Versuche, endlich unabhängig zu werden, führten tiefer in Abhängigkeit, denn immer wieder geriet er mit seinen Mitmenschen in typische Konflikte und Machtkämpfe, die er nicht gewinnen konnte. Er erlebte Ablehnung und scheiterte an verschiedenen Arbeitsplätzen.

Die Folge all dessen war eine tiefe Wut auf die Welt, auf viele Mitmenschen und vor allem auf sich selbst. Er wurde suchtkrank, ebenso wie sein Vater. Er versuchte, seinen Schmerz mit Beruhigungsmitteln zu betäuben, und wurde rasch »abhängigkeitskrank«.

Im Verlauf der Therapie lernte er, sein Drama zu verstehen, und war allmählich in der Lage zu bemerken, wenn er wieder diesen Irrweg beschritt, und auf Machtkämpfe zu verzichten. Aber das Entscheidende war, dass er seine Sehnsucht nach der Zuneigung des Vaters verstand, die ihm verwehrt bleiben musste, weil der Vater ihn auf Grund seiner eigenen Schwierigkeiten nicht lieben konnte. So fand er Zugang zu einer heilsamen Trauerarbeit.

Narzisstische Wunden können nur durch Trauerarbeit geheilt werden: Herr K. musste lernen, seinem Vater zu verzeihen. Im Fall von Herrn K. waren die Misshandlungen durch den Vater lebensbestimmend. Alle Versuche, die quälenden Probleme hinter sich zu lassen, führten tiefer in die Abhängigkeit. Der Autonomie-Abhängigkeitskonflikt ist häufig hinter einer nach außen souveränen und überheblichen Fassade versteckt. Das mitunter extreme Streben nach Kontrolle, Macht und Dominanz hat immer auch tiefere Beweggründe, die oft nicht verstanden werden. Die verletzenden Erfahrungen während der Kindheit führen zu einer übertriebenen Angst, von anderen unterdrückt und dominiert zu werden. Das Streben nach Kontrolle, Macht und Dominanz ist also eine Flucht nach vorn. Man will der Angst, dominiert zu werden, entgehen, indem man selbst mächtig wird.

Mitunter gelang es nicht, sich positiv mit dem gleichgeschlechtlichen Elternteil zu identifizieren. *Ich wollte nie so werden wie meine Mutter. Allerdings muss ich zugeben, dass ich ihr sehr ähnlich bin.* Frau H., die dies sagt, hatte unter den aggressiven Ausbrüchen ihrer Mutter sehr gelitten. Selbstkritisch konnte sie während der Therapie erkennen, dass sie leicht die Kontrolle über ihre Wut verlor.

Da der Autonomie-Abhängigkeitskonflikt sich meist früh im Leben entwickelt, ist die Auflösung nicht leicht. Mit Rückfällen in alte Verhaltensmuster ist zu rechnen. Die folgenden Hinweise sollen Möglichkeiten zur Überwindung des Autonomie-Abhängigkeitskonflikts aufzeigen.

Nur wer den Autonomie-Abhängigkeitskonflikt bei sich selbst verstanden hat, kann ihn überwinden. Die Angst vor Unterlegenheit, vor Abhängigkeit und hilflosem Ausgeliefertsein lässt sich nur mit Bewusstheit überwinden. Das eigene Drama gilt es zu verstehen, das in der Vergangenheit zu verstärkter Unzufriedenheit und ungewollter Abhängigkeit führte. Wo sind die Ursachen, die zu einem Kampf führten, der nicht zu gewinnen ist?

Eine Umorientierung ist erforderlich. Nicht das Nein führt in die Unabhängigkeit, sondern das Ja. Dabei geht es nicht darum, zu allem Ja zu sagen und sich nur anzupassen. Wirkliche Unabhängigkeit lässt sich erreichen, wenn zu den Dingen, die erforderlich und realistisch sind, Ja gesagt wird, insbesondere zu Dingen, die belasten oder unangenehm und mit Mühe und Anstrengung verbunden sind. Freiheit will verdient werden, man kann sie nicht ertrotzen. Nur wer Ja zu den unabänderlichen Dingen des

Lebens sagen kann, hat auch die Fähigkeit, wirklich Nein zu sagen – also Ja zu einem Nein!

An vielen Stellen in diesem Buch war die Rede von Unfrieden und Hass, den viele Menschen auf ihre Eltern oder einen Elternteil behalten haben. Hier ist es notwendig, endlich Frieden mit den Eltern zu machen. Der Weg in die Unabhängigkeit ist nur zu beschreiten, wenn die Sorgen, Nöte und Unzulänglichkeiten der Eltern erkannt und akzeptiert werden. Sie wollen verstanden und verziehen werden. Der Kampf gegen die Eltern wurde zum Kampf gegen sich selbst und führte in den Autonomie-Abhängigkeitskonflikt. Auch hier ist das Nein durch ein Ja zu ersetzen:

- Ja – meine Eltern sind, wie sie sind.
- Ja – sie sind unvollkommen und eventuell nicht liebesfähig.
- Ja – sie hatten an vielen Stellen Recht, ich wollte dies nie akzeptieren.
- Ja – ich verstehe sie in ihrem Leid und halte ihnen ihr Versagen nicht mehr vor.
- Ja – es gab Verletzungen, die ich bisher nicht verzeihen konnte.

Mitunter gilt es auch, den Eltern zu verzeihen, dass sie Geschwister vorzogen oder mehr lieben konnten. Die Ablösung von den Eltern hat stattgefunden, wenn der innere Kampf zu Ende ist. Erst dann ist es möglich, die ganze Verantwortung für das eigene Leben zu übernehmen. Der Frieden mit den Eltern macht Frieden mit sich selbst erst möglich.

In der Therapie erkennen Patienten oft, wie sehr sie sich bis dahin selbst schädigen mussten, welchem Drama sie im bisherigen Leben ausgeliefert waren und dass sie am Ende zum Scheitern verurteilt waren.

Der Autonomie-Abhängigkeitskonflikt führte Frau S. in die Suchtkrankheit. Für ihr Leben bedeutete dies: Auffälligkeiten im Straßenverkehr, Verlust von Arbeitsstellen, zerstörte Beziehungen, verschiedene Suizidversuche, Aufenthalte in psychiatrischen Krankenhäusern – insgesamt unbeschreibliches Leid, das sie sich selbst zufügte, ohne etwas daran ändern zu können.

Selbstabwertung und das ständige Gefühl, unfrei zu sein, verursachen Selbsthass und Groll, der immer wieder ein Ventil braucht. Die Lösung liegt jedoch nicht in der Wut, die man gegen sich selbst richtet. Es ist ein Irrglaube, dass es nur besser werden kann, wenn man sich Selbstvorwürfe und Erniedrigungen in ausreichendem Ausmaß zugefügt hat. In der Therapie ist oft zu erkennen, dass ein Betroffener die Rolle der strafenden Eltern für sich selbst übernommen hat. Dies will erkannt und verändert werden.

Der einzig mögliche Ausweg ist Trauerarbeit. Nur wer verstanden hat, warum er bis dahin nicht unabhängig werden konnte, kann beginnen, sich selbst zu verzeihen.

Die Übernahme von Verantwortung ist der Beginn einer erlösenden Trauerarbeit. Nur durch den Mut zu Ehrlichkeit und durch das Akzeptieren der schmerzhaften Gefühle kann der Teufelskreis aufgelöst werden.

Es ist erforderlich, den Grundkonflikt zu verstehen, eine Verstrickung, eine Verletzung, eine unheilvolle Beziehung, die es in der Lebensgeschichte gab und die nicht aufgelöst wurde. Dies ist meist eine Aufgabe, die in einem therapeutischen Prozess bearbeitet werden muss. Am Ende steht die Erkenntnis, dass es keinen anderen Weg geben konnte als den bisher beschrittenen. Sich damit abzufinden ist nicht leicht, und deshalb sollte das Thema immer wieder besprochen und betrauert werden.

Zusammenfassend kann der Autonomie-Abhängigkeitskonflikt als Angst vor Abhängigkeit einerseits bei gleichzeitigem Liebesbedürfnis andererseits betrachtet werden. Betroffene fühlen sich um Liebe betrogen und wollen sie einklagen; sie fordern Gerechtigkeit.

In der deutschen Klassik finden wir den Autonomie-Abhängigkeitskonflikt in der Novelle *Michael Kohlhaas* von Heinrich von Kleist meisterlich beschrieben. Michael Kohlhaas war ein reicher Rosshändler, der mit allen Mitteln Gerechtigkeit einfordern wollte. Im Kampf um sein Recht, bei dem es lediglich um ein paar Pferde ging, führte er einen privaten Krieg. Dabei verlor er seinen besten Freund, sein Kind, seine Frau, sein gesamtes Vermögen, wurde schließlich geächtet und starb am Strang.

Diagnose der hysterischen (histrionischen) Persönlichkeitsstörung

Die hysterische Persönlichkeitsstörung wurde in zwei international anerkannte diagnostische Manuale aufgenommen, wo sie mit sehr ähnlichen Merkmalen beschrieben wird:

Das DSM IV gibt folgende Kriterien an, die für eine Diagnose »histrionische Persönlichkeitsstörung« erfüllt sein müssen: ein durchgängiges Muster übermäßiger Emotionalität oder eines übermäßigen Verlangens nach Aufmerksamkeit; der Beginn liegt im frühen Erwachsenenalter, und die Störung manifestiert sich in den verschiedenen Lebensbereichen; mindestens fünf der folgenden Kriterien müssen erfüllt sein:

1. fühlt sich unwohl in Situationen, in denen er/sie nicht im Mittelpunkt steht;
2. die Interaktion mit anderen ist häufig bestimmt durch ein übertrieben sexuell-verführerisches oder provokantes Verhalten;
3. zeigt schnell wechselnde und oberflächlich wirkende Emotionen;
4. nutzt durchgängig die eigene äußere Erscheinung, um Aufmerksamkeit auf sich zu lenken;
5. hat einen übertrieben impressionistischen Sprachstil, der keine Details kennt;
6. liebt Selbstdarstellung und Theatralik sowie einen übertriebenen Ausdruck von Gefühlen;

7. ist suggestibel, d.h. leicht durch andere Personen oder die Umstände zu beeinflussen;
8. hält Beziehungen gewöhnlich für intimer, als sie in Wirklichkeit sind.

Sehr ähnliche Kriterien führt die ICD-10 für die histrionische Persönlichkeitsstörung auf. Mindestens drei der folgenden Merkmale müssen erfüllt sein:

1. Dramatisierung bezüglich der eigenen Person, theatralisches Verhalten, übertriebener Ausdruck von Gefühlen;
2. Suggestibilität, leichte Beeinflussbarkeit durch andere Personen oder äußere Umstände;
3. oberflächliche und labile Affekte;
4. andauerndes Verlangen nach Aufregung, Anerkennung durch andere und Aktivitäten, bei denen die betreffende Person im Mittelpunkt der Aufmerksamkeit steht;
5. die Person ist unangemessen verführerisch in Erscheinung und Verhalten;
6. übermäßiges Interesse an körperlicher Attraktivität.

Anmerkungen

1 Brüder Grimm: Kinder- und Hausmärchen, 2. Aufl., Artemis & Winkler, Düsseldorf/Zürich 2005, S. 210–213. (Behutsam modernisiert.)
2 Vgl. S. Mentzos: Hysterie. Zur Psychodynamik unbewusster Inszenierungen, 8., erw. u. aktualis. Aufl., Vandenhoek & Ruprecht, Göttingen 2004.
3 Leider wurde die Hysterie aus der internationalen Klassifikation psychischer Störungen herausgenommen. Die klassischen hysterischen Symptome finden sich unter den dissoziativen Störungen und Konversionsstörungen wieder. Geblieben ist nur die histrionische (hysterische) Persönlichkeitsstörung.
4 Der amerikanische Psychologe Abraham beschrieb als Erster diesen Typus.
5 Dies ist allerdings bei verschiedenen Persönlichkeitsstörungen der Fall. Diese Menschen haben die feste Überzeugung, dass die anderen falsch handeln und dass ihr eigenes Verhalten angemessen ist.
6 Andere Bezeichnungen für diese Störung sind: Dysmorphophobie, Entstellungssyndrom, Schönheitshypochondrie oder Body dysmorph disorder.
7 Vgl. L. Israel: Die unerhörte Botschaft der Hysterie, 4. Aufl., Reinhardt, München 2001, S. 76.
8 Vgl. H.-P. Röhr: Narzissmus – Das innere Gefängnis, 8. Aufl., Walter, Düsseldorf/Zürich 2005.
9 Eine ausführliche Beschreibung dieser Problematik findet sich in: H.-P. Röhr: Wege aus der Abhängigkeit, 2. Aufl., Walter, Düsseldorf/Zürich 2005.
10 Vgl. ebd.
11 Depersonalisation und Derealisation können gleichzeitig auftreten. Bei Derealisation bezieht sich das Fremdheitserleben auf die Umwelt.
12 Der entscheidende Hinweis für die Interpretation an dieser Stelle kam von meinem Freund und Kollegen Dipl.-Psych. Werner Pappert, dem ich dafür herzlich danke.
13 Der Mythos charakterisiert den Menschen, er beschreibt die menschliche Art, so wie sie ist. Märchen inszenieren demgegenüber ein typisches Problem, was nicht alle, aber doch einige Menschen in sich tragen.
14 P. Teilhard de Chardin: Entwurf und Entfaltung, hg. von A. Teilhard-Chambon / M. H. Bégouen, aus dem Französischen von E. Feichtinger. Alber, Freiburg/München 1963, S. 66.
15 Siehe hierzu auch: H.-P. Röhr: Vom Glück, sich selbst zu lieben. Wege aus Angst und Depression, Walter, Düsseldorf/Zürich 2005.
16 Zitiert nach: K. Wilber: Einfach »Das«. Tagebuch eines ereignisreichen Jahres, S. Fischer, Frankfurt a. M. 2001, S. 276.
17 Die Entwicklung der Suchtkrankheit wird ausführlich in der »Suchtfibel« beschrieben, vgl. R. Schneider: Die Suchtfibel. Informationen zur Abhängigkeit von Alkohol und Medikamenten für Betroffene, Angehörige und Interessierte, 13. Aufl., Schneider Hohengehren, Baltmannsweiler 2001.
18 R. W. Emerson: Selbstvertrauen, in: ders.: Essays, ins Dt. übertr. u. hg. von H. Kiczka, Diogenes, Zürich 1983.

Literatur

Brüder Grimm: Kinder- und Hausmärchen. 2. Aufl. Artemis & Winkler, Düsseldorf/Zürich 2005.

Davison, G. C. / Neal, J. M.: Klinische Psychologie. Urban & Schwarzenberger, München 1992.

Diagnostisches und Statistisches Manual psychischer Störungen: DSM IV. Beltz, Weinheim 2000.

Drewermann, E.: Tiefenpsychologie und Exegese, Bd. 1: Die Wahrheit der Formen. Walter, Olten 1984.

Ellis, A.: Training der Gefühle. Wie Sie sich hartnäckig weigern, unglücklich zu sein. mvg, München 2000.

Emerson, R. W.: Selbstvertrauen. In: ders.: Essays. Ins Dt. übertr. u. hg. von H. Kiczka, Diogenes, Zürich 1983.

Ferenczi, S.: Sprachverwirrung zwischen dem Erwachsenen und dem Kind. In: Schriften zur Psychoanalyse, Bd. II. S. Fischer, Frankfurt a. M. 1972.

Frankl, V. E.: Ärztliche Seelsorge. Grundlagen der Logotherapie und Existenzanalyse. 9. Aufl. S. Fischer, Frankfurt a. M. 1997.

Fromm, E.: Authentisch leben. Hg. von R. Funk. 7. Aufl. Herder, Freiburg 2004.

Hirsch, M.: Realer Inzest. Psychodynamik des sexuellen Missbrauchs in der Familie. Psychosozial, Gießen 1999.

Israel, L.: Die unerhörte Botschaft der Hysterie. 4. Aufl. Reinhardt, München 2001.

Jung, M.: Versöhnung – Töchter, Söhne, Eltern. Emu, Lahnstein 2000.

König, K.: Kleine psychoanalytische Charakterkunde. 8. Aufl. Vandenhoeck & Ruprecht, Göttingen 2005.

Lowen, A.: Freude – Die Hingabe an den Körper und das Leben. Goldmann, München 1996.

Mentzos, S.: Hysterie – Zur Psychodynamik unbewusster Inszenierungen. 8., erw. u. aktualis. Aufl. Vandenhoeck & Ruprecht, Göttingen 2004.

Mentzos, S.: Neurotische Konfliktverarbeitung. Einführung in die psychoanalytische Neurosenlehre unter Berücksichtigung neuer Perspektiven. 18. Aufl. S. Fischer, Frankfurt a. M. 2003.

Rahn, E. / Mahnkopf, A.: Lehrbuch Psychiatrie für Studium und Beruf. 3., aktualis. u. erw. Neuaufl. Psychiatrie-Verlag, Bonn 2005.

Richter, H. E.: Eltern, Kind und Neurose. Die Rolle des Kindes in der Familie. 31. Aufl. Rowohlt, Reinbek bei Hamburg 2003.

Riemann, F.: Grundformen der Angst. Eine tiefenpsychologische Studie. 36. Aufl. Reinhardt, München 2004.

Rogoll, R.: Nimm dich wie du bist. Wie man mit sich einig werden kann. Herder, Freiburg 1991.

Röhr, H.-P.: Alpha-Relaxing. Das neue Entspannungstraining. CD und Buch. Walter, Düsseldorf/Zürich 2003.

Röhr, H.-P.: Das Gleichnis vom verlorenen Sohn. Schuld, Neid und Eifersucht. In: Fredeburger Hefte Nr. 1 o. J.

Röhr, H.-P.: Die vierte Seite des Suchtdreiecks. Über die Bedeutung von Spiritualität und Religiosität in der Therapie. In: Fredeburger Hefte Nr. 4, o. J.

Röhr, H.-P.: Ich traue meiner Wahrnehmung. Sexueller und emotionaler Missbrauch oder Das Allerleirauh-Schicksal. 2. Aufl. Walter, Düsseldorf/Zürich 2000.

Röhr, H.-P.: Narzissmus – Das innere Gefängnis. 8. Aufl. Walter, Düsseldorf 2005.

Röhr, H.-P.: Vom Glück, sich selbst zu lieben. Wege aus Angst und Depression. Walter, Düsseldorf/Zürich 2005.

Röhr, H.-P.: Weg aus dem Chaos. Das Hans-mein-Igel-Syndrom oder Die Borderline-Störung verstehen. 7. Aufl. Walter, Düsseldorf/Zürich 2002.

Röhr, H.-P.: Wege aus der Abhängigkeit, 2. Aufl., Walter, Düsseldorf 2005.

Sachse, R: Histrionische und Narzisstische Persönlichkeitsstörungen. Hogrefe, Göttingen 2002.

Schneider, R.: Die Suchtfibel. Informationen zur Abhängigkeit von Alkohol und Medikamenten für Betroffene, Angehörige und Interessierte. 13. Aufl., Schneider Hohengehren, Baltmannsweiler 2001.

Sperling, F. / Massing, A. / Reich, G.: Die Mehrgenerationen-Familientherapie. 4. Aufl. Vandenhoeck & Ruprecht, Göttingen 1999.

Teilhard de Chardin, P.: Entwurf und Entfaltung. Hg. von A. Teilhard-Chambon/M. H. Bégouen. Aus dem Französischen von E. Feichtinger. Alber, Freiburg/München 1963.

Walch, S.: Dimensionen der menschlichen Seele. Transpersonale Psychologie und holotropes Atmen. 2. Aufl. Walter, Düsseldorf/Zürich 2003.

Weltgesundheitsorganisation: Internationale Klassifikation psychischer Störungen. ICD-10, Kapitel V (F). Diagnostische Kriterien für Forschung und Praxis. Hg. von H. Dilling / W. Mombour / M. H. Schmidt / E. Schulte-Markwort. 3., korr. Aufl. Huber, Göttingen 2004.

Wilber, K: Einfach »Das«. Tagebuch eines ereignisreichen Jahres. S. Fischer, Frankfurt a. M. 2001.

Zitatnachweise

136 Entnommen aus: Pierre Teilhard de Chardin; A. Teilhard-Chambon / M. H. Bégouen, Entwurf und Entfaltung. Aus dem Französischen von E. Feichtinger. © Verlag Karl Alber, Freiburg/München 1963.

166 Entnommen aus: Ralph Waldo Emerson, Essays. Copyright © 1983 Diogenes Verlag AG Zürich.